Poche VISUEL

Word 2003

Visuel

D1270075

Wiley Publishing, Inc.

FIRST
> Interactive

maranGraphics™

Word 2003 Poche Visuel

Publié par
Wiley Publishing, Inc.
111 River Street
Hoboken, NJ 07030
www.wiley.com

Copyright © 2003
par maranGraphics, Inc.
5775 Coopers Avenue
Mississauga, Ontario, Canada
L4Z IR9

Édition française publiée en accord avec Wiley Publishing par :

© **Éditions First Interactive, 2003**
27, rue Cassette
75006 PARIS – France
Tél. 01 45 49 60 00
Fax 01 45 49 60 01
E-mail : firstinfo@efirst.com
Web : www.efirst.com

ISBN : 2-84427-480-3
Dépôt légal : 4ᵉ trimestre 2003
Imprimé en France

maranGraphics est une entreprise familiale installée près de Toronto, au Canada

Chez **maranGraphics**, nous ne voulons produire que des livres d'informatique hors du commun : un à la fois, mais un d'exception.

Chaque livre maranGraphics bénéficie du succès remporté par le processus de communication que nous ne cessons de perfectionner depuis 28 ans. C'est ainsi que nous pouvons vous présenter des pages dans lesquelles textes et écrans s'organisent harmonieusement pour faciliter la compréhension des nouveaux concepts et des différentes tâches.

Il nous a fallu des heures pour trouver la meilleure manière d'exécuter chaque tâche, et le résultat est là ! Grâce à nos écrans très lisibles et nos instructions faciles à suivre, vous mènerez chaque tâche à son terme sans encombres.

Nous vous remercions d'avoir acheté ce livre, sans nul doute le meilleur ouvrage informatique qu'il fallait vous offrir. Nous espérons que vous prendrez autant de plaisir à l'utiliser que nous nous sommes régalés à le réaliser.

Bonne lecture !

La famille Maran

Auteur
maranGraphics

Mise en page
MADmac

Suivi éditorial
Julien Templier

TABLE DES MATIÈRES

TABLE DES MATIÈRES

TABLE DES MATIÈRES

INTRODUCTION À WORD 2003

Modifier un document

Word propose de nombreuses fonctionnalités qui permettent de modifier rapidement du texte dans un document. Vous pouvez ajouter, supprimer ou réorganiser du texte, mais aussi connaître en un clin d'œil le nombre de mots qui composent un document, vérifier l'orthographe et la grammaire, et recourir au dictionnaire des synonymes intégré à Word, afin de trouver des termes mieux appropriés.

La Haute École de Couture fête ses quatre années d'existence. Nous vous attendons tous le 19 janvier, à partir de 10 H. Pour tout renseignement, contacter Anne Grant.

Fanny Drouit

Mettre un document en forme

Vous pouvez mettre un document en forme, afin d'en améliorer la présentation. Il est possible d'utiliser différents styles, tailles et couleurs de polices, en vue de faire ressortir un texte important. Vous pouvez également ajuster l'espacement entre les lignes, changer les marges, centrer du texte sur une page et créer des colonnes de type journal.

Word est un traitement de texte qui permet de produire efficacement des documents d'aspect professionnel, comme des lettres, des rapports, des mémoires et des bulletins.

Imprimer un document

Vous pouvez produire une version papier de tout document créé. Avant l'impression, il est possible d'obtenir un aperçu du document tel qu'il apparaîtra sur la page imprimée. Vous pouvez également imprimer des enveloppes et des étiquettes.

Utiliser des tableaux et des graphismes

Les tableaux permettent de présenter clairement des données en colonnes dans un document. En recourant aux modèles de tableaux intégrés dans Word, vous pouvez donner une apparence professionnelle à vos tableaux en un clin d'œil. Il est aussi possible d'intégrer à un document des graphismes, tels que des formes automatiques, des images clipart et des diagrammes, afin d'illustrer des idées.

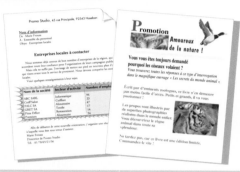

Word et l'Internet

Word propose plusieurs fonctionnalités pour profiter de l'Internet. Il est possible d'insérer un lien hypertexte dans un document, en vue de connecter le fichier à une page Web. Vous pouvez aussi enregistrer un document en tant que page Web, ce qui permet de le publier sur l'Internet, où d'autres internautes pourront le consulter.

Enfin, l'aide de Word s'actualise *via* l'Internet à chaque fois que vous la consultez. Les services d'Office en ligne (formations, assistance, groupes de discussion, modèles téléchargeables, *etc*.) permettent d'optimiser votre utilisation de Word.

Publipostage

L'assistant Fusion et publipostage de Word permet de créer rapidement des lettres et des étiquettes personnalisées à adresser aux membres d'une liste de diffusion. Cela se révèle pratique si vous envoyez souvent le même document, tel qu'une annonce ou une publicité, à de nombreux destinataires.

DÉMARRER WORD

■■■ DÉMARRER WORD ■■■

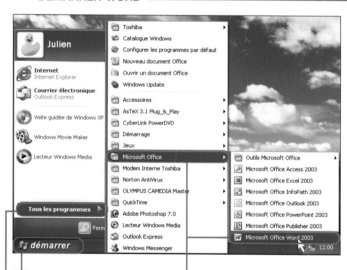

1 Cliquez **démarrer**.

2 Pointez **Tous les programmes**, en vue d'afficher une liste de tous les programmes installés sur l'ordinateur.

Note. Si vous n'utilisez pas la version XP de Windows, cliquez **Programmes** *à l'étape 2.*

3 Cliquez **Microsoft Office**.

4 Cliquez **Microsoft Office Word 2003**.

Vous pouvez démarrer Word, en vue de créer et d'utiliser des documents.

Lorsque vous démarrez Word, un document vide apparaît à l'écran. Vous pouvez y saisir du texte sur-le-champ.

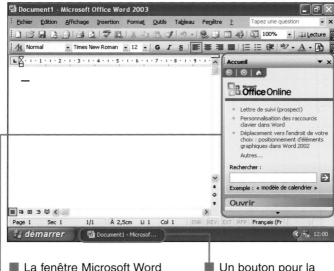

■ La fenêtre Microsoft Word apparaît, présentant un document vide.

■ Cette zone affiche le volet Office, qui permet d'accomplir rapidement des tâches courantes. Pour utiliser ce volet, consultez la page 20.

■ Un bouton pour la fenêtre Microsoft Word apparaît dans la barre des tâches.

ÉCRAN DE WORD

Barre de titre

Indique le nom du document affiché.

Barre de menus

Donne accès à des listes de commandes de Word et renferme une zone où vous pouvez saisir une question pour obtenir de l'aide.

Barre d'outils Standard

Contient des boutons qui facilitent la sélection de commandes courantes, comme Enregistrer et Imprimer.

Barre d'outils Mise en forme

Propose des boutons qui facilitent la sélection de commandes de mise en forme courantes, comme Gras et Italique.

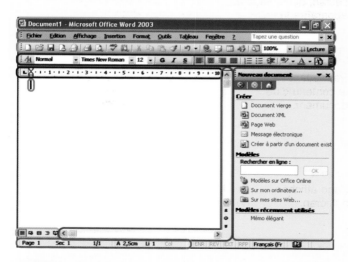

Règle

Permet de changer les tabulations et les retraits du document.

Volet Office

Renferme des liens que vous pouvez sélectionner pour exécuter des tâches courantes, comme l'ouverture ou la création de documents.

L'écran de Word contient de nombreux éléments dédiés à la création et à l'utilisation de documents.

Point d'insertion

Trait clignotant à l'écran, qui indique où apparaîtra le texte saisi.

Boutons d'affichage

Donnent accès aux cinq modes d'affichage des documents.

Barres de défilement

Permettent de parcourir le contenu d'un document.

Barre d'état

Renseigne sur la zone du document affichée à l'écran et sur la position du point d'insertion.

Page 1

Page affichée à l'écran.

Sec 1

Section du document visible à l'écran.

1/1

Page affichée à l'écran et nombre de pages total du document.

À 2,5 cm

Distance entre le haut de la page et le point d'insertion.

Li 1

Nombre de lignes qui séparent la marge supérieure du point d'insertion.

Col 1

Nombre de caractères entre la marge de gauche et le point d'insertion, espaces compris.

SÉLECTIONNER UNE COMMANDE

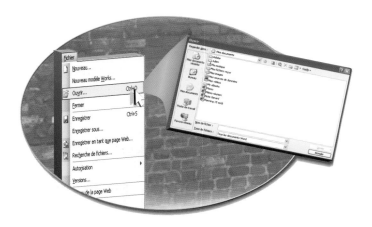

■■■ SÉLECTIONNER UNE COMMANDE ■■■

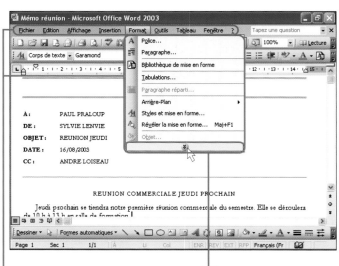

DANS UN MENU

1 Cliquez le nom du menu à afficher.

■ Une version courte du menu apparaît, présentant les commandes les plus utilisées.

2 Pour développer le menu et afficher toutes ses commandes, placez le pointeur ⤵ sur ⯆.

Note. Si vous tardez à effectuer l'étape 2, le menu développé apparaît automatiquement au bout de quelques secondes.

Pour exécuter une tâche dans Word,
vous pouvez sélectionner la commande
correspondante dans un menu ou une barre
d'outils.

Au premier démarrage de Word, les
commandes et les boutons les plus employés
apparaissent dans chaque menu et barre
d'outils. Au fil de votre travail, le programme
personnalise les menus et les barres d'outils
de telle sorte qu'ils affichent les commandes
et boutons que vous utilisez le plus souvent.

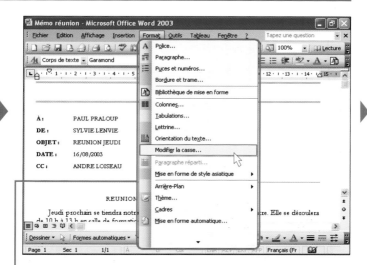

■ Le menu développé
s'affiche, présentant
l'ensemble des
commandes.

3 Cliquez la commande
à utiliser.

*Note. Les commandes grisées
ne sont pas disponibles sur le
moment.*

■ Pour fermer un menu
sans sélectionner de
commande, cliquez à
l'extérieur de ce menu.

SÉLECTIONNER UNE COMMANDE

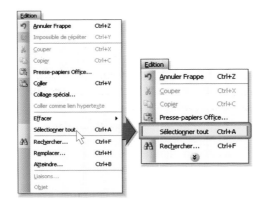

Menu développé   **Menu réduit**

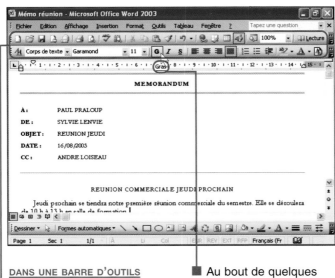

DANS UNE BARRE D'OUTILS

1 Pour afficher le nom d'un bouton de barre d'outils, placez le pointeur ⬚ dessus.

■ Au bout de quelques secondes, le nom du bouton apparaît dans un encadré jaune, permettant de déterminer le rôle de ce bouton.

Toute commande sélectionnée dans un menu développé est automatiquement intégrée à la version courte de ce menu. Au prochain affichage de cette dernière, la commande que vous aviez choisie apparaît donc.

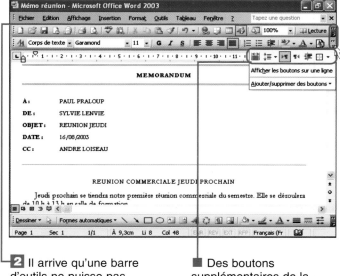

2 Il arrive qu'une barre d'outils ne puisse pas afficher tous ses boutons. Cliquez alors ![bouton] pour faire apparaître ses autres boutons.

■ Des boutons supplémentaires de la barre d'outils s'affichent.

3 Pour sélectionner une commande au moyen d'un bouton de barre d'outils, cliquez ce dernier.

AFFICHER OU MASQUER UNE BARRE D'OUTILS

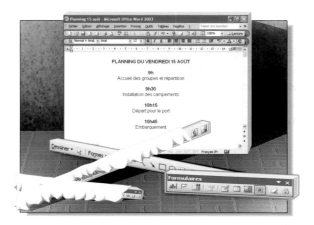

■■■ AFFICHER OU MASQUER UNE BARRE D'OUTILS ■■■

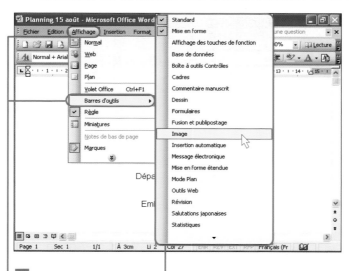

1 Cliquez **Affichage**.

2 Pointez **Barres d'outils**.

■ Une liste des barres d'outils apparaît. Une coche (✔) précède le nom des barres d'outils actuellement affichées.

3 Cliquez le nom de la barre d'outils à afficher ou à masquer.

Word propose plusieurs barres d'outils, que vous pouvez afficher ou masquer en fonction de vos besoins. Chacune d'elles contient des boutons qui permettent d'exécuter rapidement des tâches courantes.

Au premier démarrage de Word, les barres d'outils **Standard** et **Mise en forme** apparaissent à l'écran.

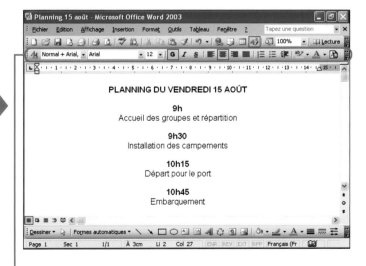

■ Le programme affiche ou masque la barre d'outils sélectionnée.

Note. Un écran qui affiche un nombre réduit de barres d'outils ménage une zone de travail plus importante et moins encombrée.

DÉPLACER UNE BARRE D'OUTILS

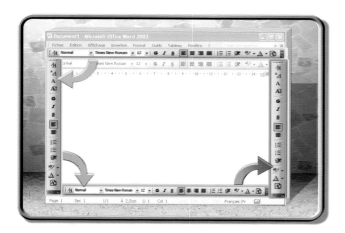

— DÉPLACER UNE BARRE D'OUTILS —

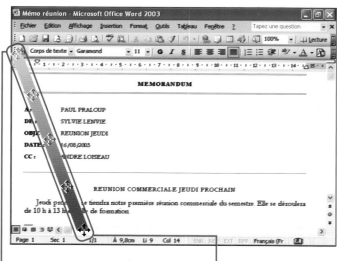

1 Placez le pointeur ⬚ sur la poignée de déplacement (⁞) de la barre d'outils à repositionner (⬚ devient ✛).

2 Faites glisser la barre d'outils vers l'endroit souhaité.

Vous pouvez déplacer une barre d'outils vers le bord supérieur, inférieur, droit ou gauche de l'écran.

Il est possible de positionner une barre d'outils sur la même ligne qu'une autre ou sur sa propre ligne.

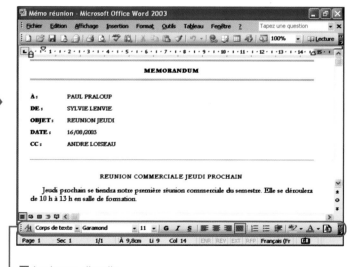

La barre d'outils apparaît au nouvel endroit.

REDIMENSIONNER UNE BARRE D'OUTILS

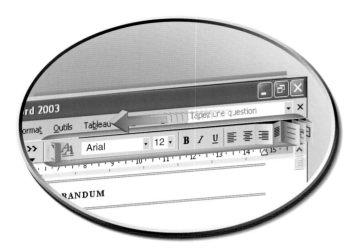

■■■ REDIMENSIONNER UNE BARRE D'OUTILS ■■■

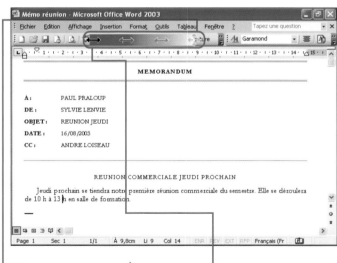

1 Placez le pointeur ⬚ sur la poignée de déplacement (⠿) de la barre d'outils à redimensionner (⬚ devient ✛).

2 Faites glisser le pointeur ↔ jusqu'à ce que la barre d'outils ait la taille voulue.

Vous pouvez agrandir une barre d'outils, afin d'y afficher plus de boutons. Cela se révèle utile lorsqu'une barre d'outils figure sur la même ligne qu'une autre et que vous ne pouvez pas faire apparaître tous ses boutons.

Il est impossible de redimensionner une barre d'outils affichée sur sa propre ligne.

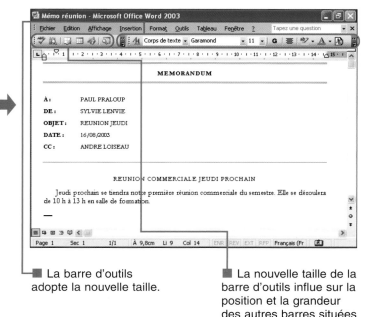

■ La barre d'outils adopte la nouvelle taille.

■ La nouvelle taille de la barre d'outils influe sur la position et la grandeur des autres barres situées sur la même ligne.

UTILISER LE VOLET OFFICE

■■■ UTILISER LE VOLET OFFICE ■■■

**AFFICHER OU MASQUER
LE VOLET OFFICE**

-**1** Cliquez **Affichage**.

-**2** Cliquez **Volet
Office**.

*Note. Si la commande Volet
Office n'est pas visible, placez
le pointeur ↘ au bas du menu
pour afficher toutes les options
de ce dernier.*

Pour réaliser des tâches courantes dans Word, vous pouvez profiter du volet Office. Ce dernier apparaît à chaque démarrage du programme.

Vous pouvez afficher ou masquer le volet Office à tout moment. Sinon, il apparaît automatiquement à l'exécution de certaines tâches, comme la recherche d'un document.

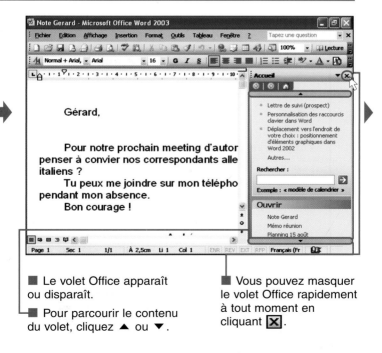

■ Le volet Office apparaît ou disparaît.

■ Pour parcourir le contenu du volet, cliquez ▲ ou ▼.

■ Vous pouvez masquer le volet Office rapidement à tout moment en cliquant ✖.

UTILISER LE VOLET OFFICE

Quels sont quelques-uns des volets Office disponibles dans Word ?

Accueil

Permet d'accéder aux services en ligne de Microsoft, de lancer une recherche sur tout sujet et d'ouvrir ou créer des documents.

UTILISER LE VOLET OFFICE (SUITE)

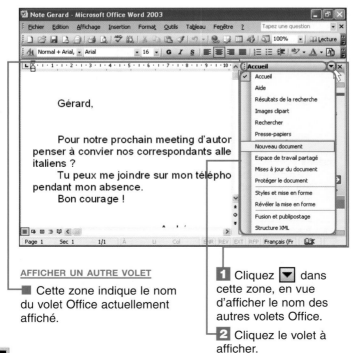

AFFICHER UN AUTRE VOLET

■ Cette zone indique le nom du volet Office actuellement affiché.

1 Cliquez ▼ dans cette zone, en vue d'afficher le nom des autres volets Office.

2 Cliquez le volet à afficher.

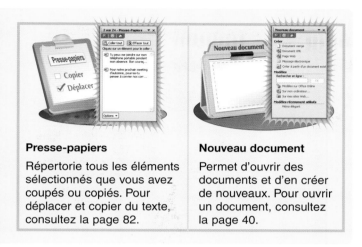

Presse-papiers

Répertorie tous les éléments sélectionnés que vous avez coupés ou copiés. Pour déplacer et copier du texte, consultez la page 82.

Nouveau document

Permet d'ouvrir des documents et d'en créer de nouveaux. Pour ouvrir un document, consultez la page 40.

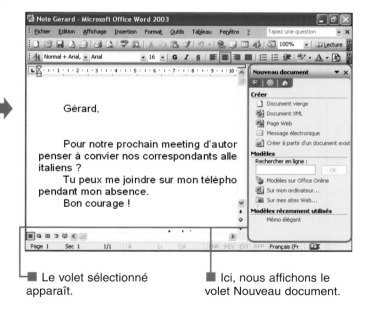

■ Le volet sélectionné apparaît.

■ Ici, nous affichons le volet Nouveau document.

OBTENIR DE L'AIDE

OBTENIR DE L'AIDE

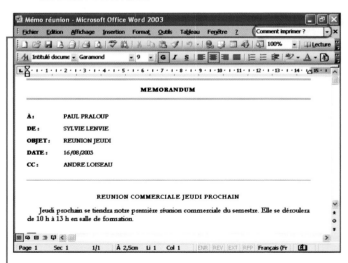

1 Cliquez cette zone, tapez votre question et appuyez sur Entrée.

Note. Vous devez être connecté à l'Internet pour pouvoir accéder aux rubriques d'aide.

Si vous ne savez pas comment accomplir une tâche dans Word, vous pouvez poser une question, afin d'obtenir des renseignements sur cette tâche. Cela permet de trouver rapidement l'aide dont vous avez besoin.

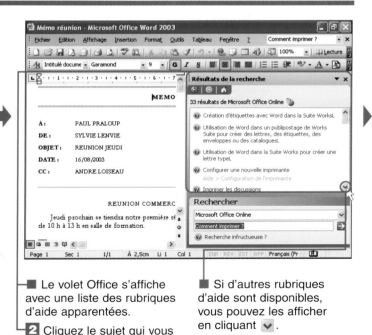

■ Le volet Office s'affiche avec une liste des rubriques d'aide apparentées.

2 Cliquez le sujet qui vous intéresse.

■ Si d'autres rubriques d'aide sont disponibles, vous pouvez les afficher en cliquant ✓.

OBTENIR DE L'AIDE

De quelle autre manière puis-je obtenir de l'aide ?

Vous pouvez cliquer les liens suivants du volet d'aide Microsoft Word.

■ **OBTENIR DE L'AIDE (SUITE)** ■

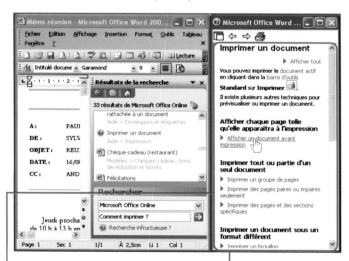

■ La fenêtre d'aide apparaît.

Note. Pour que la fenêtre d'aide occupe la totalité de l'écran, cliquez □ dans son angle supérieur droit.

└─ Cette zone donne des informations sur le sujet sélectionné précédemment.

3 Pour afficher des renseignements complémentaires relatifs à une expression ou un mot inscrit en couleur, cliquez le texte en question.

Table des matières

Cliquez le lien, puis double-cliquez une icône de livre (📖) ou cliquez une icône de page (❓) pour parcourir l'aide de Microsoft Word.

Assistance

Donne accès au site Web d'assistance de Microsoft.

Formations

Donne accès à des cours en ligne gratuits sur le site Web de Microsoft.

Communautés

Donne accès aux groupes de discussion de Microsoft.

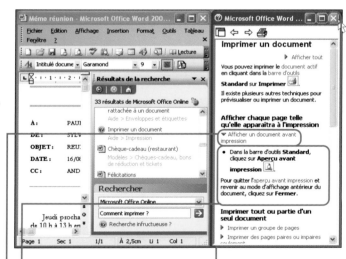

■ Des informations supplémentaires apparaissent.

Note. Cliquer un mot ou une expression affiche des informations telles qu'une définition, des conseils ou une procédure.

■ Pour masquer les renseignements, cliquez le texte en couleur.

4 Après avoir lu les informations données, cliquez ✖ pour quitter la fenêtre d'aide Microsoft Word.

QUITTER WORD

QUITTER WORD

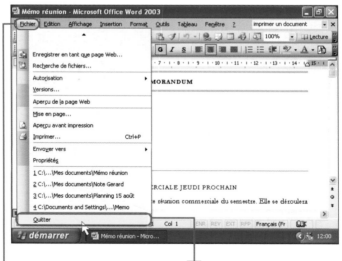

■ Enregistrez tous les documents ouverts avant de quitter Word. Consultez à cette fin la page 36.

1 Cliquez **Fichier**.

2 Cliquez **Quitter**.

Note. Si la commande Quitter n'est pas visible, placez le pointeur ☐ au bas du menu pour afficher toutes les options de ce dernier.

Après avoir terminé votre travail dans Word, vous pouvez quitter ce programme.

Quittez toujours l'ensemble des applications avant d'éteindre votre ordinateur.

■ La fenêtre Microsoft Word disparaît de l'écran.

■ Le bouton du programme disparaît de la barre des tâches.

CRÉER UN NOUVEAU DOCUMENT

CRÉER UN NOUVEAU DOCUMENT

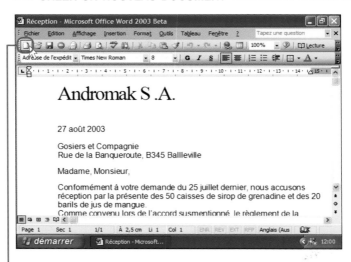

1 Cliquez 🗋 pour créer un nouveau document.

Note. Si 🗋 n'est pas visible, cliquez 🛪 dans la barre d'outils Standard pour l'afficher.

Vous pouvez créer un nouveau document, en vue de commencer l'écriture d'une lettre, d'un mémo ou d'un rapport.

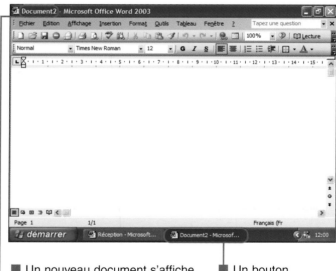

■ Un nouveau document s'affiche, masquant le précédent.

■ Word attribue un nom temporaire au nouveau document, comme Document2, jusqu'à ce que vous enregistriez le fichier. Pour enregistrer un document, consultez la page 36.

■ Un bouton correspondant au nouveau document apparaît dans la barre des tâches.

Note. Pour créer un modèle, consultez la page 312.

CRÉER UN DOCUMENT AVEC UN MODÈLE OU UN ASSISTANT

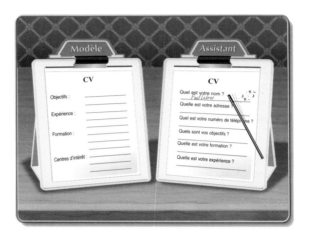

═══ UTILISER UN MODÈLE OU UN ASSISTANT ═══

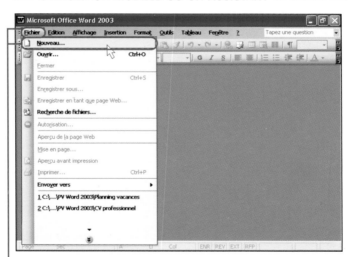

1 Cliquez **Fichier**.

2 Cliquez **Nouveau**.

■ Le volet Office Nouveau document apparaît.

Vous pouvez recourir aux modèles et aux assistants pour gagner du temps lorsque vous créez des types de documents courants, comme des lettres, des mémos et des rapports.

Modèle

Un modèle est un document qui prévoit des zones à remplir avec des informations personnelles.

Assistant

Un assistant pose une série de questions, puis crée un document en fonction de vos réponses.

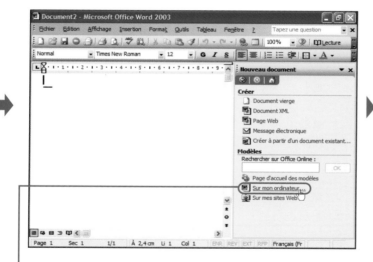

3 Cliquez **Sur mon ordinateur**.

Note. Si l'option Sur mon ordinateur n'est pas visible, cliquez ▼, de manière à faire défiler le contenu du volet Office.

■ La boîte de dialogue Modèles apparaît.

CRÉER UN DOCUMENT AVEC UN MODÈLE OU UN ASSISTANT

UTILISER UN MODÈLE OU UN ASSISTANT (SUITE)

4 Cliquez l'onglet correspondant au type de document à créer.

5 Cliquez le modèle ou l'assistant correspondant au document à créer.

Note. Les assistants sont symbolisés par une icône.

■ Si un aperçu du document sélectionné est disponible, il s'affiche dans cette zone.

6 Cliquez **OK** pour créer le document.

Pour accéder rapidement à un modèle ou à un assistant récemment utilisé, cliquez son nom dans le volet Office Nouveau document. Voir page 20 pour afficher le volet Office.

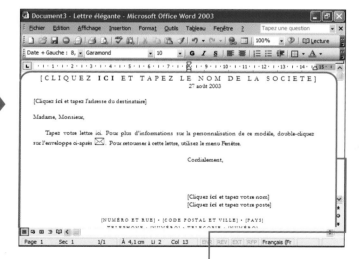

■ Le document s'affiche à l'écran.

Note. Si vous avez sélectionné un assistant à l'étape 5, Word pose une série de questions avant de créer le document.

7 Complétez le document en saisissant vos informations personnelles dans les zones adéquates.

ENREGISTRER UN DOCUMENT

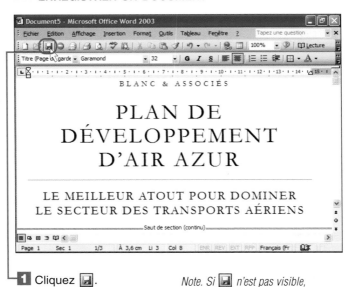

1 Cliquez 🖫.

Note. Si 🖫 n'est pas visible, cliquez 🗘 dans la barre d'outils Standard pour afficher tous les boutons de cette dernière.

Vous pouvez enregistrer un document, en vue de le conserver pour une utilisation ultérieure. Cela permet de le consulter et de le modifier par la suite.

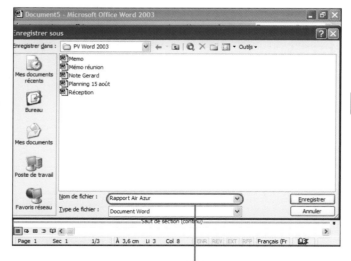

■ La boîte de dialogue Enregistrer sous apparaît.

Note. Si vous avez enregistré votre document auparavant, la boîte de dialogue Enregistrer sous ne s'affiche pas, car vous avez déjà nommé le fichier.

2 Entrez un nom pour le document.

*Note. Un nom de document ne peut pas renfermer les caractères * : ? > < | ni ".*

ENREGISTRER UN DOCUMENT

À quels dossiers couramment employés ai-je accès ?

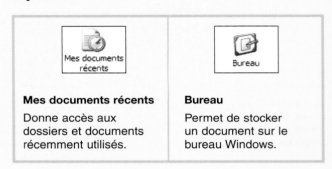

Mes documents récents

Donne accès aux dossiers et documents récemment utilisés.

Bureau

Permet de stocker un document sur le bureau Windows.

━━━ ENREGISTRER UN DOCUMENT (SUITE) ━━━

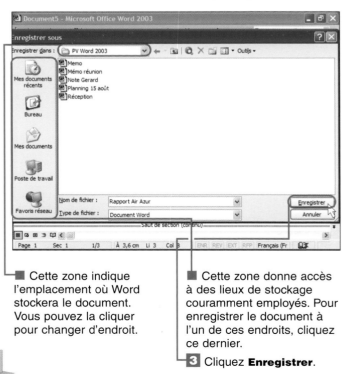

Cette zone indique l'emplacement où Word stockera le document. Vous pouvez la cliquer pour changer d'endroit.

Cette zone donne accès à des lieux de stockage couramment employés. Pour enregistrer le document à l'un de ces endroits, cliquez ce dernier.

3 Cliquez **Enregistrer**.

Mes documents

Constitue un lieu
de stockage
pratique pour un
document.

Poste de travail

Donne accès aux
principaux dossiers
de l'ordinateur.

Favoris réseau

Permet de
stocker un
document sur
votre réseau.

■ Word enregistre le
document et affiche le
nom de ce dernier en
haut de l'écran.

ENREGISTRER LES MODIFICATIONS

**Enregistrez régulièrement les
changements apportés à vos
documents, afin d'éviter de
perdre de votre travail.**

1 Cliquez 🖫.

OUVRIR UN DOCUMENT

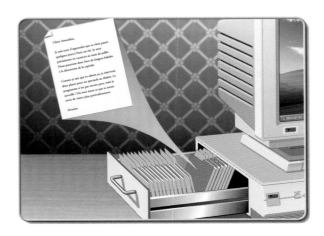

1 Cliquez 📂.

Note. Si 📂 n'est pas visible, cliquez ⸗ dans la barre d'outils Standard pour afficher tous les boutons de cette dernière.

■ La boîte de dialogue Ouvrir apparaît.

Vous pouvez ouvrir un document
enregistré et l'afficher à l'écran,
afin de le revoir et de le modifier.

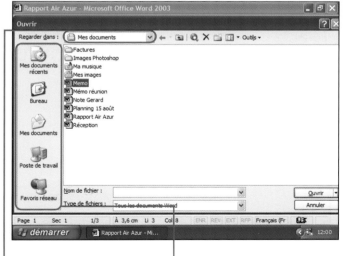

■ Cette zone indique
l'emplacement des
documents affichés. Vous
pouvez la cliquer pour
changer d'endroit.

■ Cette zone donne accès à des
lieux de stockage couramment
employés. Pour afficher les
documents enregistrés dans l'un
de ces endroits, cliquez ce dernier.

*Note. Pour plus d'informations sur les
lieux de stockage fréquemment utilisés,
consultez le haut de la page 38.*

OUVRIR UN DOCUMENT

Comment ouvrir rapidement un document dans lequel j'ai récemment travaillé ?

Word mémorise le nom des quatre derniers documents utilisés. Les deux méthodes ci-contre permettent d'ouvrir rapidement l'un de ces fichiers.

Utiliser le volet Office

Le volet Office Nouveau document apparaît à chaque démarrage de Word. Pour l'afficher à d'autres moments, consultez la page 20.

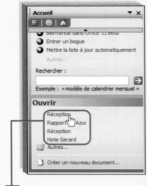

1 Cliquez le nom du document à ouvrir.

◼◼◼ OUVRIR UN DOCUMENT (SUITE) ◼◼◼◼◼◼

2 Cliquez le nom du document à ouvrir.

3 Cliquez **Ouvrir**.

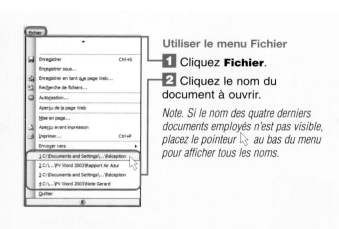

Utiliser le menu Fichier

1 Cliquez **Fichier**.

2 Cliquez le nom du document à ouvrir.

Note. Si le nom des quatre derniers documents employés n'est pas visible, placez le pointeur ⊠ au bas du menu pour afficher tous les noms.

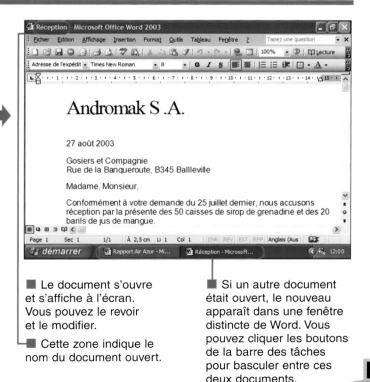

■ Le document s'ouvre et s'affiche à l'écran. Vous pouvez le revoir et le modifier.

■ Cette zone indique le nom du document ouvert.

■ Si un autre document était ouvert, le nouveau apparaît dans une fenêtre distincte de Word. Vous pouvez cliquer les boutons de la barre des tâches pour basculer entre ces deux documents.

FERMER UN DOCUMENT

■■■ **FERMER UN DOCUMENT** ■■■

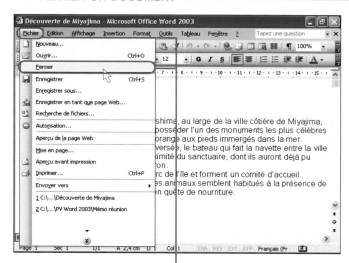

■ Avant de fermer un document, enregistrez toutes les modifications que vous y avez apportées. Consultez à cette fin la page 36.

1 Cliquez **Fichier**.

2 Cliquez **Fermer**.

Après avoir fini de travailler avec un document, vous pouvez le fermer et le faire ainsi disparaître de l'écran.

Quand vous fermez un document, vous ne quittez pas le programme Word. Vous pouvez donc continuer à travailler sur d'autres documents.

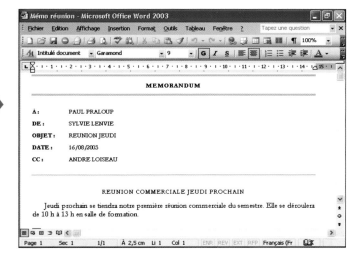

■ Le document disparaît de l'écran.

■ Si plusieurs documents étaient ouverts, l'avant-dernier sur lequel vous avez travaillé s'affiche à l'écran.

CHANGER LE MODE D'AFFICHAGE

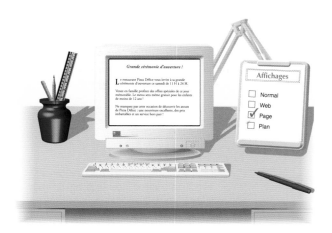

■ CHANGER LE MODE D'AFFICHAGE ■

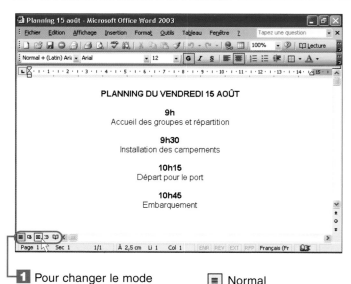

1 Pour changer le mode d'affichage, cliquez l'un des boutons suivants.

≡	Normal
⬚	Web
▣	Page
⬚	Plan
⬚	Lecture

Word propose quatre manières d'afficher
un document. Vous pouvez choisir celle
qui répond le mieux à vos besoins.

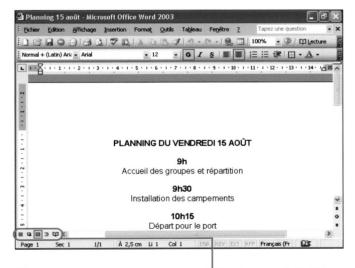

■ Le document apparaît
dans le nouveau mode
d'affichage.

■ Le bouton de l'affichage
choisi est encadré de bleu
et sur fond orange.

MODES D'AFFICHAGE

Mode Normal

Ce mode simplifie l'affichage du document, de façon que vous puissiez rapidement saisir, modifier et mettre en forme du texte. Il masque certains éléments, comme les marges, les en-têtes, les pieds de page, les numéros de page et certains types de graphismes.

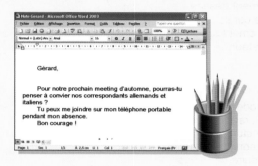

Mode Page

Ce mode d'affichage présente le document de la même manière que sur la page imprimée. Il fait apparaître tous les composants d'un document, notamment les marges, les en-têtes, les pieds de page, les numéros de page et les graphismes.

Mode Web

Ce mode d'affichage se révèle utile quand vous créez une page Web ou un document destiné à être consulté uniquement sur ordinateur.

Mode Plan

Ce mode d'affichage aide à revoir et rectifier la structure d'un document. Il permet de réduire ce dernier de façon à n'en voir que les titres principaux ou de le développer, en vue d'afficher l'ensemble des titres et du texte.

Mode Lecture

Ce mode d'affichage est spécifiquement destiné à la lecture de documents sur l'écran : il en améliore l'affichage et la lisibilité, sans permettre de modifications de leur contenu.

FAIRE UN ZOOM AVANT OU ARRIÈRE

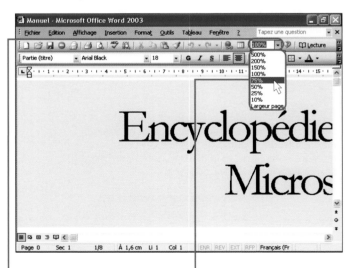

1 Cliquez ⏷ dans cette zone, en vue d'afficher la liste des facteurs de zoom.

Note. Si la zone Zoom n'est pas visible, cliquez ⚒ dans la barre d'outils Standard pour l'afficher.

2 Cliquez le facteur de zoom à utiliser.

*Note. **Largeur page** ou **Largeur du texte** affiche la page ou le texte sur toute la largeur de l'écran. **Page entière** ou **Deux pages** affiche une ou deux pages complètes à l'écran.*

Word permet d'agrandir ou de réduire l'affichage d'un texte à l'écran.

En augmentant le facteur de zoom, vous visualisez mieux les détails d'une zone particulière du document ; en le réduisant, vous affichez une plus grande partie du document à l'écran.

Les facteurs de zoom disponibles dépendent de l'affichage en cours du document. Pour plus d'informations sur les modes d'affichage, consultez les pages 46 à 49.

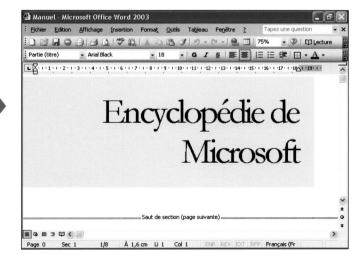

■ Le document adopte le nouveau facteur de zoom. Vous pouvez le modifier comme à l'accoutumée.

■ Modifier le facteur de zoom n'affecte pas la façon dont le texte sera imprimé.

■ Pour revenir au facteur de zoom normal, répétez les étapes **1** et **2**, en sélectionnant cette fois **100 %** à l'étape **2**.

AFFICHER OU MASQUER LES MARQUES DE MISE EN FORME

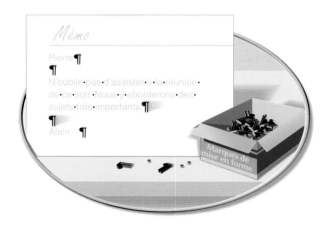

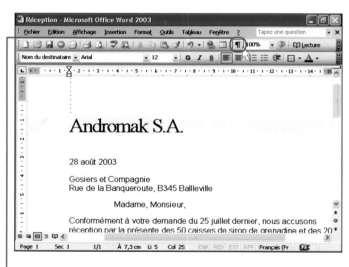

1 Cliquez ▼.

Note. Si ▼ n'est pas visible, cliquez ▸ dans la barre d'outils Standard pour l'afficher.

Vous pouvez afficher les marques de mise en forme dans votre document, afin de modifier ce dernier plus facilement et de corriger des erreurs telles que des espaces superflus entre les mots.

Les marques de mise en forme n'apparaissent pas dans le document imprimé.

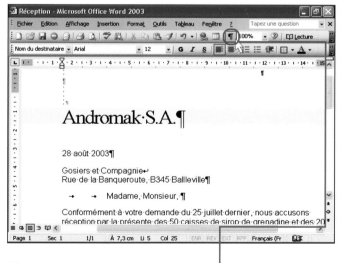

■ Les marques de mise en forme apparaissent dans le document. Elles matérialisent notamment des paragraphes (¶), des espaces (·) et des tabulations (→).

■ Pour masquer de nouveau les marques de mise en forme, cliquez ¶ .

SE DÉPLACER DANS UN DOCUMENT

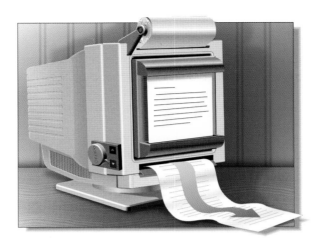

■■■ SE DÉPLACER DANS UN DOCUMENT ■■■

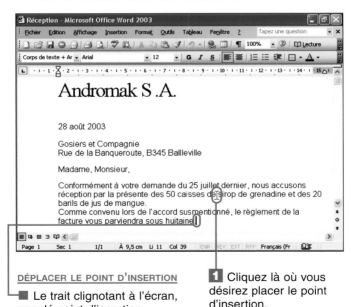

DÉPLACER LE POINT D'INSERTION

■ Le trait clignotant à l'écran, appelé point d'insertion, indique l'endroit où s'inscrira le texte saisi.

1 Cliquez là où vous désirez placer le point d'insertion.

Vous pouvez vous rendre facilement d'un endroit à l'autre au sein d'un document.

Quand un document renferme beaucoup de texte, il arrive que celui-ci ne puisse pas apparaître en intégralité à l'écran. Vous devez alors faire défiler le document pour en visualiser d'autres parties.

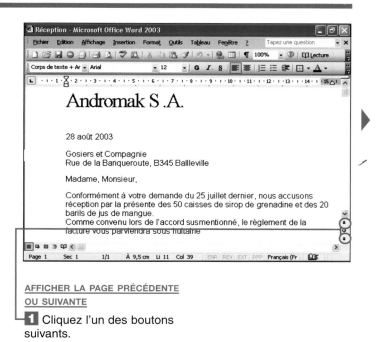

AFFICHER LA PAGE PRÉCÉDENTE
OU SUIVANTE

1 Cliquez l'un des boutons suivants.

⬆ Affiche la page précédente

⬇ Affiche la page suivante

SE DÉPLACER DANS UN DOCUMENT

■ SE DÉPLACER DANS UN DOCUMENT (SUITE) ■

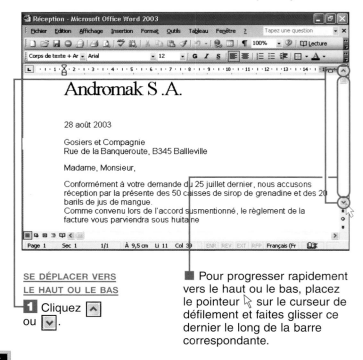

SE DÉPLACER VERS
LE HAUT OU LE BAS

1 Cliquez ▲
ou ▼.

■ Pour progresser rapidement
vers le haut ou le bas, placez
le pointeur ▷ sur le curseur de
défilement et faites glisser ce
dernier le long de la barre
correspondante.

Vous pouvez appuyer sur les touches ←, →, ↑ ou ↓ pour vous déplacer d'un caractère ou d'une ligne à la fois dans un document. Tapez Pg Pr ou Pg Sv pour progresser écran par écran.

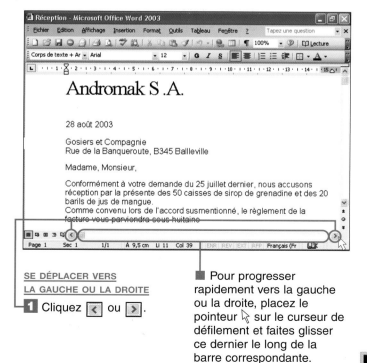

SE DÉPLACER VERS
LA GAUCHE OU LA DROITE

1 Cliquez ◀ ou ▶.

■ Pour progresser rapidement vers la gauche ou la droite, placez le pointeur sur le curseur de défilement et faites glisser ce dernier le long de la barre correspondante.

SAISIR DU TEXTE

SAISIR DU TEXTE

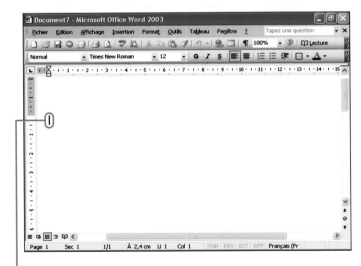

■ Le texte tapé apparaîtra là où le point d'insertion clignote à l'écran.

1 Saisissez le texte du document.

Word permet de saisir rapidement et facilement du texte dans un document.

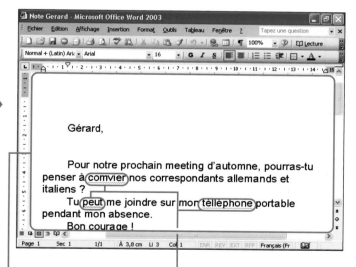

■ Lorsque vous atteignez la fin d'une ligne, Word poursuit automatiquement l'inscription du texte sur la ligne suivante. Appuyez sur `Entrée` uniquement lorsque vous voulez commencer un nouveau paragraphe.

■ Word souligne automatiquement les mots mal orthographiés en rouge, et les erreurs de grammaire, en vert, mais ces soulignements n'apparaissent pas dans le document imprimé. Pour corriger les fautes d'orthographe et de grammaire, consultez la page 88.

SÉLECTIONNER DU TEXTE

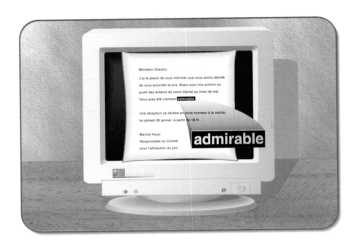

SÉLECTIONNER DU TEXTE

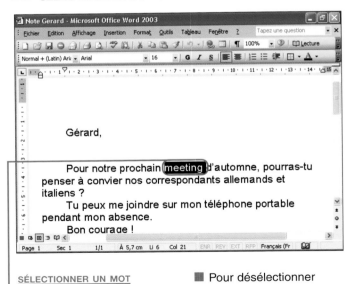

SÉLECTIONNER UN MOT

1 Double-cliquez le mot à sélectionner.

■ Pour désélectionner du texte, cliquez hors de la zone sélectionnée.

La plupart des tâches réalisables dans Word nécessitent de sélectionner auparavant le texte sur lequel vous souhaitez travailler. Le texte sélectionné apparaît en surbrillance à l'écran.

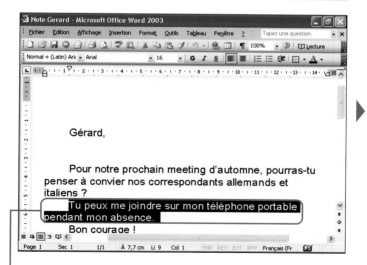

SÉLECTIONNER UNE PHRASE

1 En maintenant enfoncée la touche **Ctrl**, cliquez la phrase à sélectionner.

SÉLECTIONNER DU TEXTE

Pour sélectionner un
paragraphe, placez
le pointeur ⌶ sur
le paragraphe en
question et cliquez
trois fois rapidement.

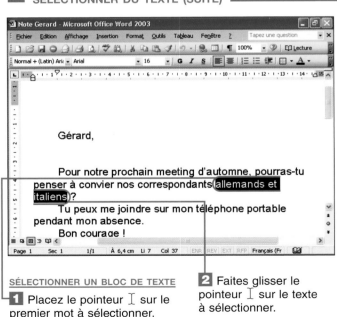

SÉLECTIONNER UN BLOC DE TEXTE

1 Placez le pointeur ⌶ sur le
premier mot à sélectionner.

2 Faites glisser le
pointeur ⌶ sur le texte
à sélectionner.

Pour sélectionner un grand bloc de texte, cliquez au début de ce dernier. En maintenant ensuite la touche `Maj` enfoncée, cliquez à la fin du texte à sélectionner.

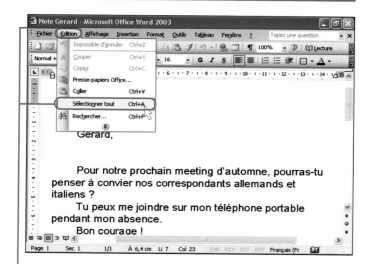

SÉLECTIONNER L'INTÉGRALITÉ D'UN DOCUMENT

1 Cliquez **Edition**.

2 Cliquez **Sélectionner tout**.

Note. Vous pouvez aussi sélectionner tout le texte du document en maintenant la touche `Ctrl` *enfoncée et en appuyant sur* `A`.

INSÉRER ET SUPPRIMER DU TEXTE

INSÉRER DU TEXTE

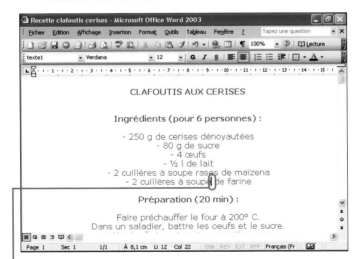

1 Dans le document, cliquez là où vous voulez insérer le nouveau texte.

■ Le texte saisi apparaîtra là où le point d'insertion clignote à l'écran.

Note. Vous pouvez appuyer sur les touches ← → ↑ ou ↓ pour déplacer le point d'insertion d'un caractère ou d'une ligne à la fois dans la direction correspondante.

Word permet d'ajouter aisément
du nouveau texte dans un document et de
retirer celui dont vous n'avez plus besoin.

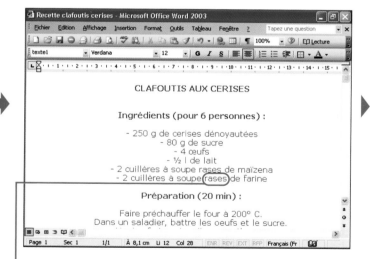

2 Saisissez le texte
à insérer.

■ Pour ajouter un
espace, appuyez sur
la **barre d'espace**.

■ Les mots situés à
droite du nouveau texte
se décalent.

INSÉRER ET SUPPRIMER DU TEXTE

Cher adhérent

Les tournois reprendra le samedi 16 février. Vous pouvez vous inscrire dès à présant auprès de monsieur Bertelin. Venez nombreux !

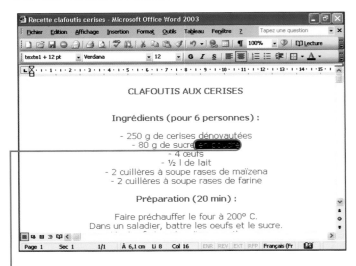

1 Sélectionnez le texte à supprimer. Consultez à cette fin la page 60.

2 Appuyez sur Suppr pour effacer le texte.

Word vérifie automatiquement l'orthographe et la grammaire au fil de la frappe. Il souligne les fautes d'orthographe en rouge, et celles de grammaire, en vert.

Pour vérifier l'orthographe et la grammaire d'un document, consultez la page 88.

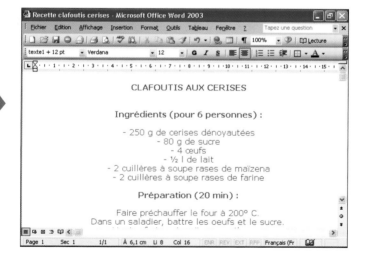

■ Le texte disparaît. Les mots restants de la ligne ou du paragraphe se déplacent, afin d'occuper l'espace libéré.

■ Pour supprimer un seul caractère, cliquez à sa droite et appuyez sur +Retour arrière . Word supprime le caractère situé à gauche du point d'insertion clignotant.

INSÉRER UN CARACTÈRE SPÉCIAL

■■■ INSÉRER UN CARACTÈRE SPÉCIAL ■■■

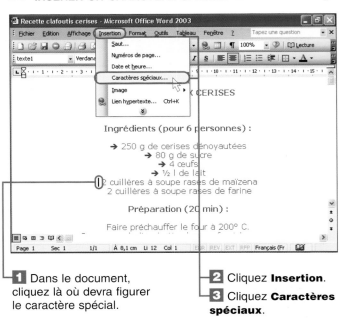

1 Dans le document, cliquez là où devra figurer le caractère spécial.

2 Cliquez **Insertion**.

3 Cliquez **Caractères spéciaux**.

Vous pouvez insérer dans un document des caractères spéciaux absents du clavier.

■ La boîte de dialogue Caractères spéciaux apparaît, présentant les symboles de la police actuelle.

4 Cliquez ⌄ dans cette zone, en vue d'afficher les symboles d'une autre police.

5 Cliquez la police souhaitée.

INSÉRER UN CARACTÈRE SPÉCIAL

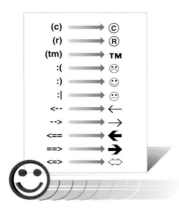

INSÉRER UN CARACTÈRE SPÉCIAL (SUITE)

■ Les symboles de la police sélectionnée s'affichent.

6 Cliquez le caractère à insérer dans le document.

7 Cliquez **Insérer** pour placer le symbole dans le document.

8 Cliquez **Fermer**, afin de quitter la boîte de dialogue Caractères spéciaux.

Si vous saisissez l'un de ces jeux de caractères, Word le remplace automatiquement par le symbole correspondant.

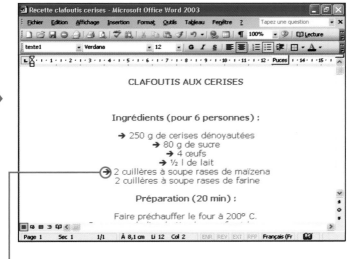

■ Le symbole apparaît dans le document.

■ Pour retirer un symbole d'un document, sélectionnez-le en faisant glisser le pointeur I dessus, puis appuyez sur Suppr .

INSÉRER LA DATE ET L'HEURE

■■■ INSÉRER LA DATE ET L'HEURE ■■■

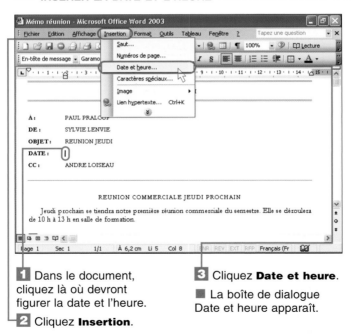

1 Dans le document, cliquez là où devront figurer la date et l'heure.

2 Cliquez **Insertion**.

3 Cliquez **Date et heure**.

■ La boîte de dialogue Date et heure apparaît.

Vous pouvez insérer la date et l'heure courantes dans un document. Word est capable de mettre à jour automatiquement ces données à chaque ouverture ou impression du document.

Word détermine la date et l'heure courantes d'après l'horloge interne de votre ordinateur.

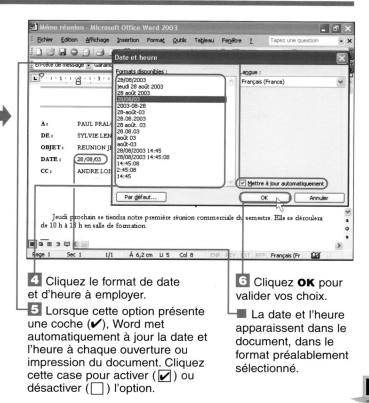

4 Cliquez le format de date et d'heure à employer.

5 Lorsque cette option présente une coche (✔), Word met automatiquement à jour la date et l'heure à chaque ouverture ou impression du document. Cliquez cette case pour activer (✔) ou désactiver (☐) l'option.

6 Cliquez **OK** pour valider vos choix.

■ La date et l'heure apparaissent dans le document, dans le format préalablement sélectionné.

UTILISER LA CORRECTION AUTOMATIQUE

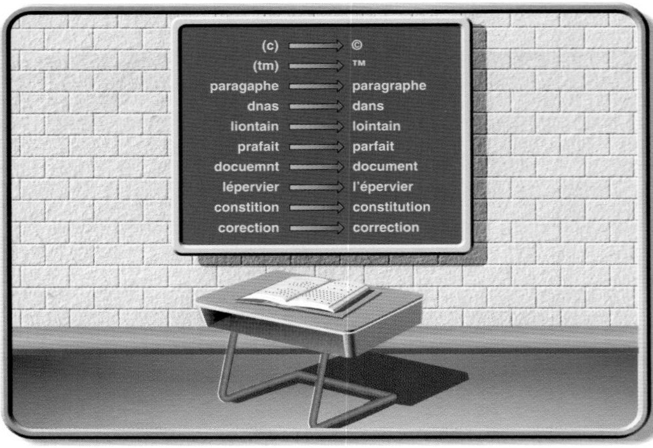

UTILISER LA CORRECTION AUTOMATIQUE

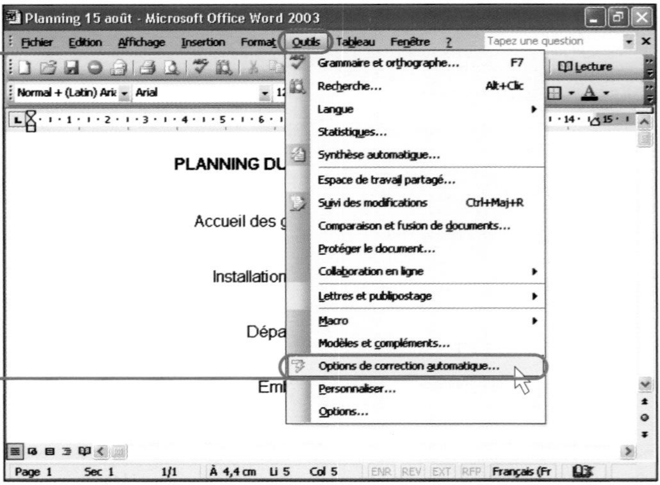

1 Cliquez **Outils**.

2 Cliquez **Options de correction automatique**.

Note. Si la commande Options de correction automatique n'est pas visible, placez le pointeur au bas du menu pour afficher toutes les options de ce dernier.

Word corrige automatiquement
des centaines de fautes de frappe,
d'orthographe et de grammaire effectuées
lors de la saisie. Vous pouvez créer une
entrée de Correction automatique pour
ajouter vos propres mots et expressions
à la liste d'erreurs que Word corrige.

■ La boîte de dialogue
Correction automatique
apparaît.

■ Cette zone répertorie les
corrections automatiques
intégrées dans Word.

UTILISER LA CORRECTION AUTOMATIQUE

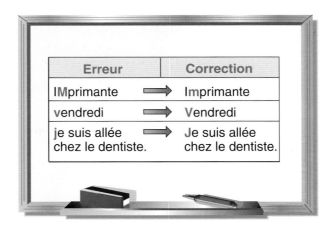

UTILISER LA CORRECTION AUTOMATIQUE (SUITE)

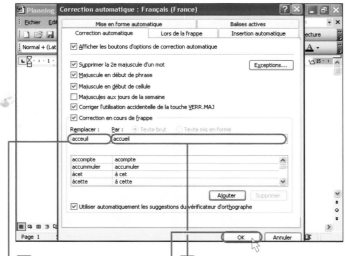

3 Pour ajouter une nouvelle entrée à la liste, saisissez le texte que Word devra remplacer automatiquement. Il ne doit pas renfermer d'espace, ni correspondre à un mot existant.

4 Cliquez cette zone et tapez le texte que Word devra insérer automatiquement dans les documents.

5 Cliquez **OK** pour valider votre modification.

Quand vous commencez un mot par deux majuscules consécutives, Word convertit automatiquement la deuxième en minuscule. Par ailleurs, quand le premier mot d'une phrase débute par une minuscule, le programme transforme systématiquement celle-ci en lettre capitale.

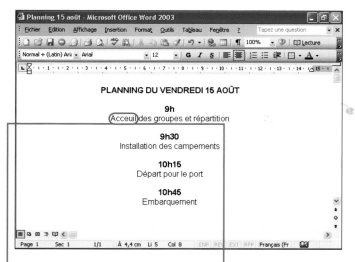

INSÉRER UNE ENTRÉE DE CORRECTION AUTOMATIQUE

■ Après que vous avez créé une entrée de Correction automatique, Word l'insère automatiquement dès que vous tapez le texte correspondant.

1 Cliquez là où devra figurer l'entrée de Correction automatique.

2 Saisissez le texte que Word remplacera automatiquement.

3 Appuyez sur la **barre d'espace** : l'entrée de Correction automatique se substitue au texte tapé.

UTILISER L'INSERTION AUTOMATIQUE

UTILISER L'INSERTION AUTOMATIQUE

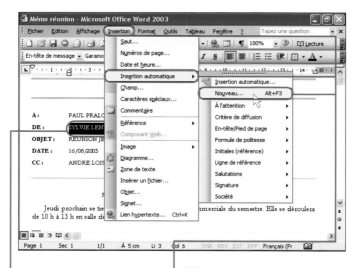

CRÉER UNE ENTRÉE D'INSERTION AUTOMATIQUE

1 Saisissez le texte à stocker comme entrée d'Insertion automatique.

2 Sélectionnez le texte. Consultez à cette fin la page 60.

3 Cliquez **Insertion**.

4 Pointez **Insertion automatique**.

Note. Si la commande n'est pas visible, placez le pointeur ⌖ au bas du menu pour en afficher toutes les options.

5 Cliquez **Nouveau**.

La fonction Insertion automatique permet de stocker du texte fréquemment employé, comme une adresse d'envoi groupé, un critère de diffusion ou une formule de politesse, que vous pouvez ensuite aisément intégrer à un document.

La fonction Insertion automatique évite de devoir saisir sans cesse les mêmes informations.

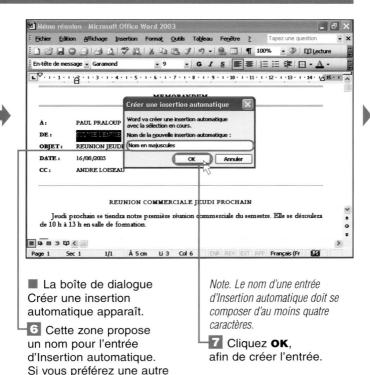

■ La boîte de dialogue Créer une insertion automatique apparaît.

6 Cette zone propose un nom pour l'entrée d'Insertion automatique. Si vous préférez une autre appellation, saisissez-la.

Note. Le nom d'une entrée d'Insertion automatique doit se composer d'au moins quatre caractères.

7 Cliquez **OK**, afin de créer l'entrée.

UTILISER L'INSERTION AUTOMATIQUE

**INSÉRER UNE ENTRÉE
D'INSERTION AUTOMATIQUE**

1 Dans le document,
cliquez là où devra figurer
l'entrée d'Insertion
automatique.

2 Cliquez **Insertion**.

3 Pointez **Insertion
automatique**.

*Note. Si la commande Insertion
automatique n'est pas visible,
placez le pointeur ☊ au bas du
menu pour afficher toutes les
options de ce dernier.*

Word inclut quantité d'entrées
d'Insertion automatique qui
accélèrent la rédaction de lettres.

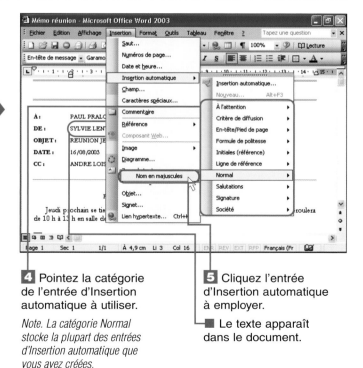

4 Pointez la catégorie
de l'entrée d'Insertion
automatique à utiliser.

*Note. La catégorie Normal
stocke la plupart des entrées
d'Insertion automatique que
vous avez créées.*

5 Cliquez l'entrée
d'Insertion automatique
à employer.

■ Le texte apparaît
dans le document.

DÉPLACER OU COPIER DU TEXTE

■ DÉPLACER OU COPIER DU TEXTE ■

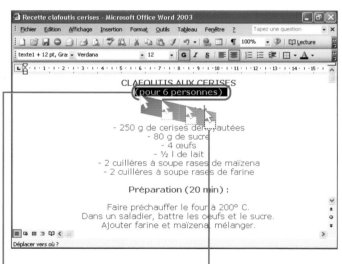

PAR GLISSER-DÉPOSER

1 Sélectionnez le texte à déplacer ou à copier. Consultez à cette fin la page 60.

2 Placez le pointeur I sur le texte sélectionné (I devient $\searrow$).

3 Pour déplacer le texte, faites glisser le pointeur $\searrow$ à l'endroit de destination de la sélection.

Note. Le texte apparaîtra là où figure le point d'insertion en pointillé à l'écran.

Vous pouvez déplacer ou copier du texte
à un nouvel endroit d'un document.

Déplacer du texte permet de réorganiser le contenu d'un document. Un texte déplacé disparaît de son emplacement d'origine.

Copier du texte permet de répéter des informations dans un document, sans avoir à les ressaisir. Un texte copié figure à la fois à son emplacement d'origine et au nouvel endroit.

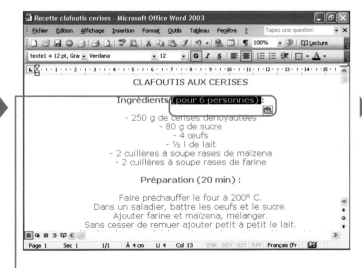

■ Le texte apparaît au nouvel endroit.

■ Pour copier le texte, répétez les étapes **1** à **3** en maintenant la touche Ctrl enfoncée à l'étape **3**.

DÉPLACER OU COPIER DU TEXTE

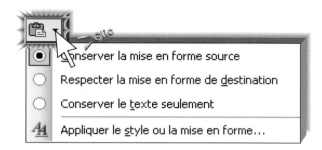

- Conserver la mise en forme source
- Respecter la mise en forme de destination
- Conserver le texte seulement
- Appliquer le style ou la mise en forme...

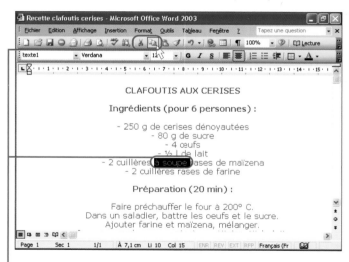

DEPUIS LA BARRE D'OUTILS STANDARD

1 Sélectionnez le texte à déplacer ou copier. Consultez à cette fin la page 60.

2 Cliquez l'un des boutons suivants.

Déplace le texte

Copie le texte

Note. Si le bouton souhaité n'est pas visible, cliquez dans la barre d'outils Standard pour l'afficher.

■ Le volet Office Presse-papiers apparaît parfois.

Le bouton Options de collage (📋) permet de changer la mise en forme des textes déplacés ou copiés. Par exemple, vous pouvez choisir de conserver la mise en forme initiale du texte ou adopter au contraire la mise en forme du texte situé à l'endroit de destination.

Cliquez le bouton **Options de collage**, en vue d'afficher une liste d'options, puis sélectionnez celle souhaitée. Ce bouton reste disponible tant que vous n'effectuez pas d'autre tâche.

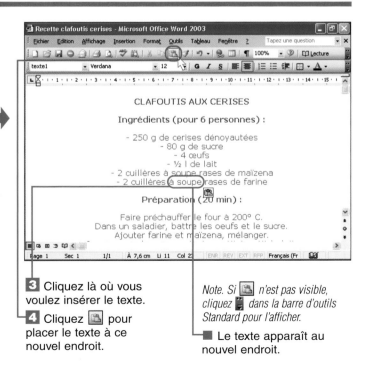

3 Cliquez là où vous voulez insérer le texte.

4 Cliquez 📋 pour placer le texte à ce nouvel endroit.

Note. Si 📋 n'est pas visible, cliquez ⬇ dans la barre d'outils Standard pour l'afficher.

■ Le texte apparaît au nouvel endroit.

ANNULER DES MODIFICATIONS

des photos

ANNULER DES MODIFICATIONS

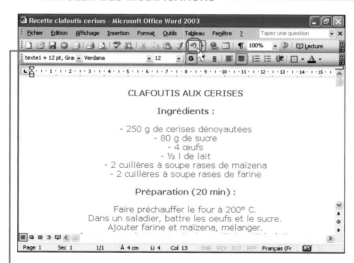

1 Cliquez 🔄 pour annuler la dernière modification apportée au document.

Note. Si 🔄 n'est pas visible, cliquez 🔧 dans la barre d'outils Standard pour l'afficher.

Word mémorise les dernières modifications apportées à un document. Si vous regrettez ces changements, vous pouvez les annuler grâce à la commande Annuler.

La fonction Annuler permet d'annuler vos dernières modifications touchant le texte et sa mise en forme.

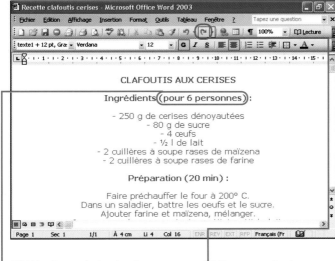

■ Word annule le dernier changement effectué dans le document.

■ Vous pouvez répéter l'étape **1** pour annuler de précédentes modifications.

■ Pour annuler les effets de la fonction Annuler, cliquez [icône].

Note. Si [icône] n'est pas visible, cliquez [icône] dans la barre d'outils Standard pour l'afficher.

VÉRIFIER L'ORTHOGRAPHE ET LA GRAMMAIRE

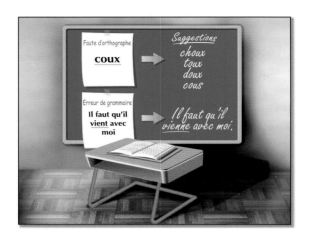

━━━ VÉRIFIER L'ORTHOGRAPHE ET LA GRAMMAIRE ━━━

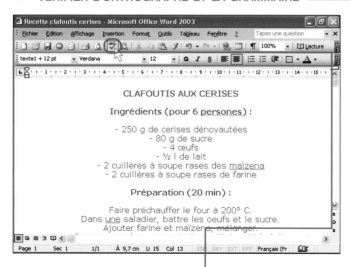

■ Word souligne automatiquement les mots mal orthographiés en rouge et les erreurs grammaticales en vert, mais ces soulignements n'apparaissent pas dans le document imprimé.

1 Cliquez ABC.

Note. Si ABC n'est pas visible, cliquez ⏷ dans la barre d'outils Standard pour l'afficher.

Vous pouvez rechercher et corriger toutes
les fautes d'orthographe et de grammaire
que renferme un document.

Word compare chaque mot du document à ceux
de son dictionnaire. Dès lors qu'un des termes
saisis ne figure pas dans ce dictionnaire, il est
considéré comme mal écrit.

Word ne repère pas les mots correctement écrits
mais mal employés, comme « Cette tour est très
hôte ». Par conséquent, relisez bien vos
documents pour localiser ce type d'erreur.

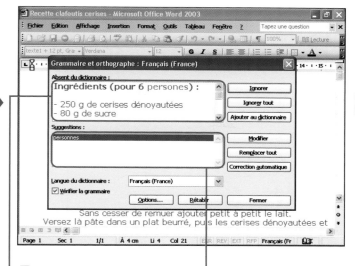

■ La boîte de dialogue
Grammaire et orthographe
apparaît dès que Word détecte
une erreur dans le document.

■ Cette zone affiche le premier
mot mal orthographié ou la
première erreur grammaticale.

■ Cette zone propose des
corrections pour le texte.

VÉRIFIER L'ORTHOGRAPHE ET LA GRAMMAIRE

àc e	à ce
acalmie	accalmie
allieurs	ailleurs
cetrain	certain
coeur	cœur
flêche	flèche
italie	Italie
mio	moi
trés	très

VÉRIFIER L'ORTHOGRAPHE ET LA GRAMMAIRE (SUITE)

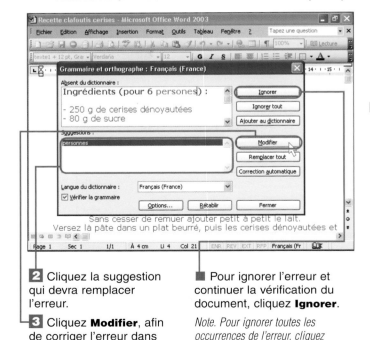

2 Cliquez la suggestion qui devra remplacer l'erreur.

3 Cliquez **Modifier**, afin de corriger l'erreur dans le document.

■ Pour ignorer l'erreur et continuer la vérification du document, cliquez **Ignorer**.

Note. Pour ignorer toutes les occurrences de l'erreur, cliquez ***Ignorer tout****.*

Word corrige automatiquement
certaines fautes d'orthographe
courantes lors de la frappe.

Pour connaître la liste
complète de ces rectifications
systématiques, consultez la
page 74.

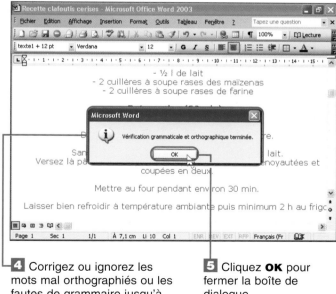

4 Corrigez ou ignorez les mots mal orthographiés ou les fautes de grammaire jusqu'à l'apparition de cette boîte de dialogue signalant que les vérifications orthographique et grammaticale sont terminées.

5 Cliquez **OK** pour fermer la boîte de dialogue.

RECHERCHER DU TEXTE

■■■ RECHERCHER DU TEXTE ■■■

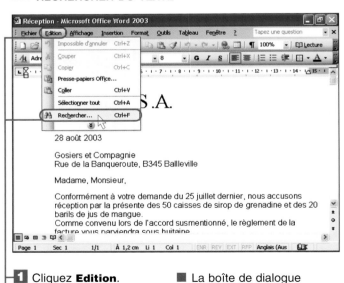

1 Cliquez **Edition**.

2 Cliquez **Rechercher**.

■ La boîte de dialogue Rechercher et remplacer apparaît.

La fonction Rechercher permet de localiser rapidement chaque occurrence d'un mot ou d'une expression dans un document.

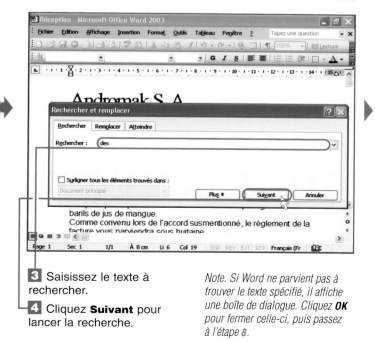

3 Saisissez le texte à rechercher.

4 Cliquez **Suivant** pour lancer la recherche.

*Note. Si Word ne parvient pas à trouver le texte spécifié, il affiche une boîte de dialogue. Cliquez **OK** pour fermer celle-ci, puis passez à l'étape 8.*

RECHERCHER DU TEXTE

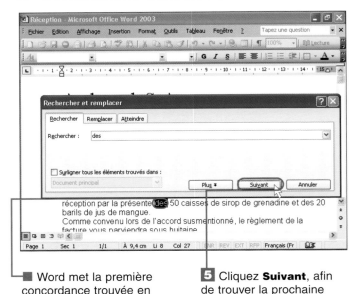

■ Word met la première concordance trouvée en surbrillance.

5 Cliquez **Suivant**, afin de trouver la prochaine concordance du mot recherché.

*Note. Vous pouvez cesser la recherche à tout moment en cliquant **Annuler**.*

Lorsque vous recherchez du texte dans un document, Word le localise même s'il fait partie d'un mot plus long.

Si vous recherchez **place**, par exemple, le programme trouve **place**s, **place**ment et rem**place**r.

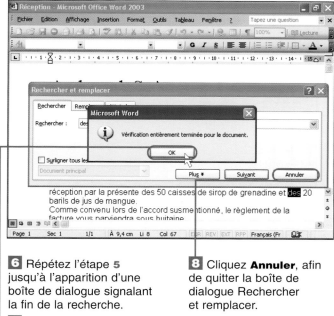

6 Répétez l'étape **5** jusqu'à l'apparition d'une boîte de dialogue signalant la fin de la recherche.

7 Cliquez **OK** pour fermer cette boîte de dialogue.

8 Cliquez **Annuler**, afin de quitter la boîte de dialogue Rechercher et remplacer.

REMPLACER DU TEXTE

■■■ REMPLACER DU TEXTE ■■■

1 Cliquez **Edition**.

2 Cliquez **Remplacer**.

Note. Si la commande Remplacer n'est pas visible, placez le pointeur ⟍ au bas du menu pour afficher toutes les options de ce dernier.

La fonction Remplacer permet de rechercher et de remplacer chaque occurrence d'un mot ou d'une expression dans un document. Cela se révèle utile si vous avez mal orthographié un terme à plusieurs reprises.

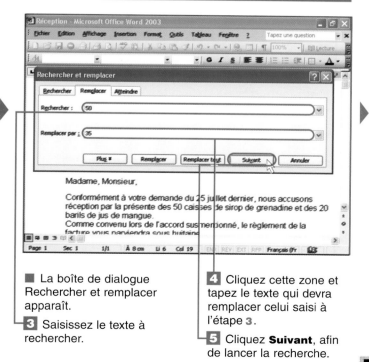

■ La boîte de dialogue Rechercher et remplacer apparaît.

3 Saisissez le texte à rechercher.

4 Cliquez cette zone et tapez le texte qui devra remplacer celui saisi à l'étape **3**.

5 Cliquez **Suivant**, afin de lancer la recherche.

REMPLACER DU TEXTE

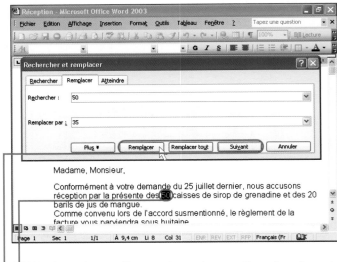

■ Word met la première concordance trouvée en surbrillance.

6 Cliquez l'une de ces options.

Remplacer - Remplace le mot.

Remplacer tout - Remplace toutes les occurrences du mot dans le document.

Suivant - Ignore le mot.

Note. Vous pouvez cesser la recherche à tout moment en appuyant sur Echap.

Vous pouvez afficher rapidement
la boîte de dialogue Rechercher
et remplacer. En maintenant la
touche `Ctrl` enfoncée, appuyez sur `H`.

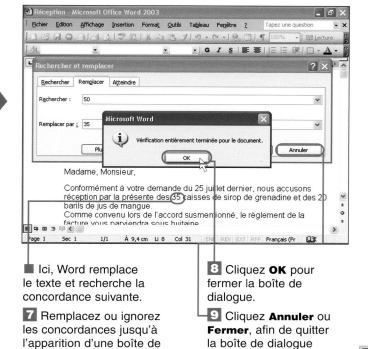

■ Ici, Word remplace
le texte et recherche la
concordance suivante.

7 Remplacez ou ignorez
les concordances jusqu'à
l'apparition d'une boîte de
dialogue signalant la fin de
la recherche.

8 Cliquez **OK** pour
fermer la boîte de
dialogue.

9 Cliquez **Annuler** ou
Fermer, afin de quitter
la boîte de dialogue
Rechercher et remplacer.

UTILISER LE DICTIONNAIRE DES SYNONYMES

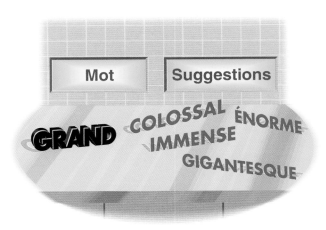

UTILISER LE DICTIONNAIRE DES SYNONYMES

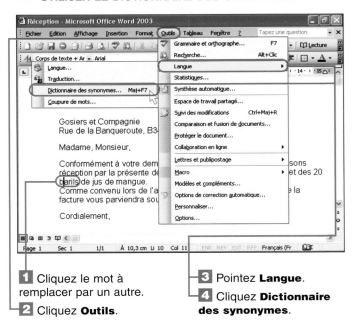

1 Cliquez le mot à remplacer par un autre.

2 Cliquez **Outils**.

3 Pointez **Langue**.

4 Cliquez **Dictionnaire des synonymes**.

Vous pouvez vous servir du dictionnaire des synonymes pour remplacer un mot de votre document par un autre qui convienne davantage.

Le dictionnaire des synonymes peut remplacer un mot du document par un terme de signification équivalente, appelé synonyme.

Une recherche menée dans le dictionnaire des synonymes intégré à Word se révèle plus rapide et plus efficace que si elle devait l'être dans un ouvrage imprimé.

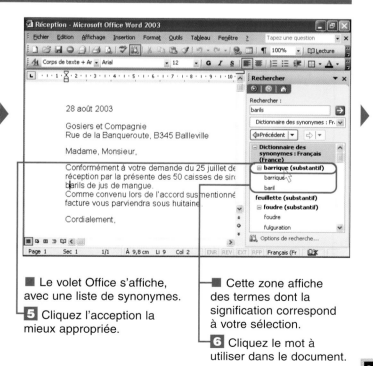

■ Le volet Office s'affiche, avec une liste de synonymes.

5 Cliquez l'acception la mieux appropriée.

■ Cette zone affiche des termes dont la signification correspond à votre sélection.

6 Cliquez le mot à utiliser dans le document.

UTILISER LE DICTIONNAIRE DES SYNONYMES

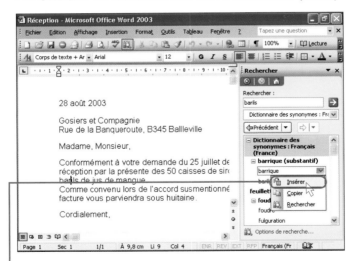

7 Cliquez , puis **Insérer** afin de substituer le terme choisi au mot sélectionné dans le document.

■ Si la liste des synonymes ne propose rien de satisfaisant, fermez-la en cliquant ![X].

Beaucoup d'utilisateurs se servent du dictionnaire des synonymes pour éviter des répétitions dans leur document. Cela peut contribuer à rendre le texte moins monotone et à professionnaliser le document.

Le dictionnaire des synonymes permet également parfois de trouver un mot expliquant plus clairement un concept.

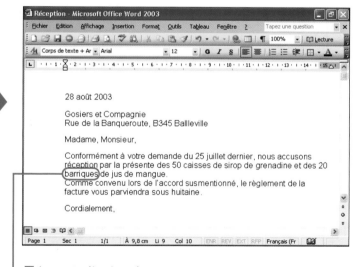

Le mot sélectionné
remplace celui du document.

AJOUTER UN COMMENTAIRE

AJOUTER UN COMMENTAIRE

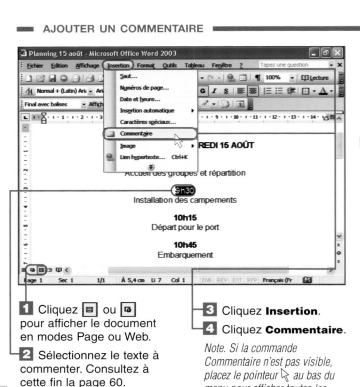

1 Cliquez 📄 ou 📄 pour afficher le document en modes Page ou Web.

2 Sélectionnez le texte à commenter. Consultez à cette fin la page 60.

3 Cliquez **Insertion**.

4 Cliquez **Commentaire**.

Note. Si la commande Commentaire n'est pas visible, placez le pointeur ⬚ au bas du menu pour afficher toutes les options de ce dernier.

Il est possible de commenter du texte au sein d'un document. Un commentaire peut renfermer une remarque, une explication ou un rappel quant à des informations que vous devrez vérifier ultérieurement.

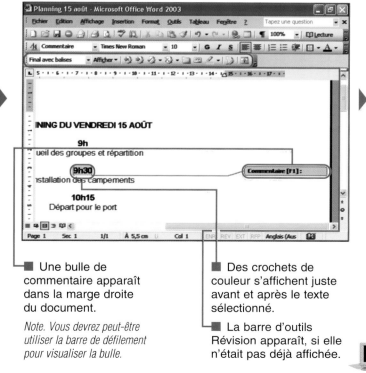

■ Une bulle de commentaire apparaît dans la marge droite du document.

Note. Vous devrez peut-être utiliser la barre de défilement pour visualiser la bulle.

■ Des crochets de couleur s'affichent juste avant et après le texte sélectionné.

■ La barre d'outils Révision apparaît, si elle n'était pas déjà affichée.

AJOUTER UN COMMENTAIRE

Commentaire : Vérifier la date

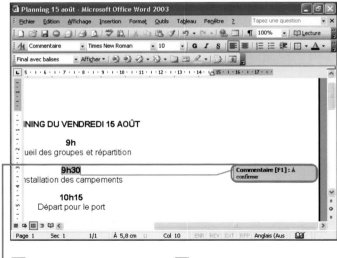

5 Saisissez le commentaire souhaité.

6 Après avoir tapé le commentaire, cliquez hors de la bulle correspondante.

Modifier un commentaire permet
d'actualiser les informations qu'il renferme.
Cliquez la bulle du commentaire à rectifier,
puis modifiez son contenu comme n'importe
quel autre texte au sein du document.

Consultez à cette fin
la page 64.

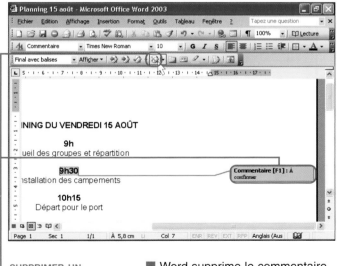

SUPPRIMER UN COMMENTAIRE

1 Cliquez la bulle
du commentaire à
supprimer.

2 Cliquez 🔊.

■ Word supprime le commentaire
et retire la bulle correspondante,
ainsi que les crochets de couleur
dans le corps du document.

■ Après avoir fini d'utiliser les
commentaires, vous pouvez
masquer la barre d'outils Révision.
Consultez à cette fin la page 14.

FAIRE LE SUIVI DES MODIFICATIONS

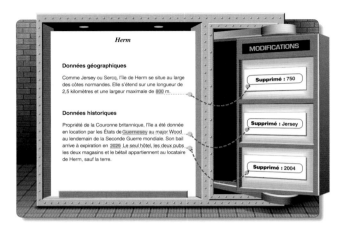

■■■ FAIRE LE SUIVI DES MODIFICATIONS ■■■

1 Cliquez 📄 ou 📄 pour afficher le document en modes Page ou Web.

2 Cliquez **Outils**.

3 Cliquez **Suivi des modifications**.

Note. Si la commande Suivi des modifications n'est pas visible, placez le pointeur ⬎ au bas du menu pour afficher toutes les options de ce dernier.

Word peut assurer le suivi des modifications apportées à un document en termes d'édition et de mise en forme. Cela se révèle utile lorsque plusieurs utilisateurs travaillent en collaboration sur un même document.

Plusieurs utilisateurs peuvent coopérer sur un document stocké en réseau. Word garde un suivi des modifications apportées au fichier par vous-même, mais également par toutes les autres personnes.

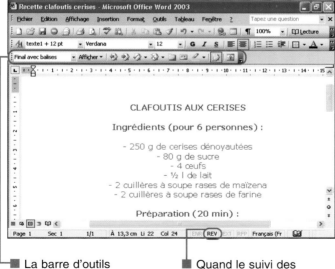

■ La barre d'outils Révision apparaît.

■ Quand le suivi des modifications est activé, **REV** apparaît en gras dans cette zone.

4 Vous pouvez désormais apporter au document les modifications que Word devra suivre.

FAIRE LE SUIVI DES MODIFICATIONS

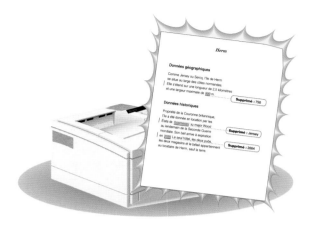

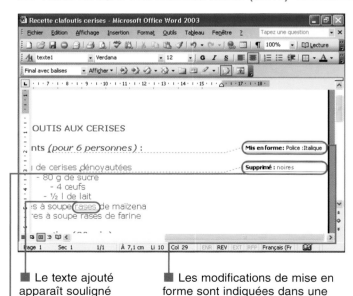

■ Le texte ajouté apparaît souligné et en couleur.

■ Les suppressions de texte sont signalées par une bulle de balisage placée dans la marge droite du document.

■ Les modifications de mise en forme sont indiquées dans une bulle de balisage placée dans la marge droite du document.

■ Un trait vertical apparaît dans la marge gauche, en regard de chaque passage de texte modifié.

Quand vous imprimez un document dont les modifications ont été suivies, Word réduit parfois automatiquement le texte, de manière à pouvoir faire figurer les modifications en question sur la page.

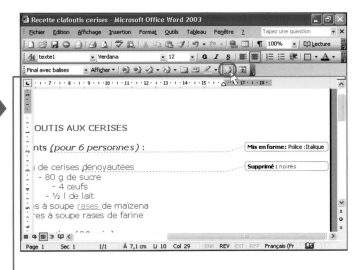

■ Pour interrompre le suivi des modifications, cliquez 🔲.

■ Vous pouvez désormais reprendre les modifications suivies dans le document. Consultez à cette fin la page 112.

REPRENDRE UN DOCUMENT APRÈS UN SUIVI DES MODIFICATIONS

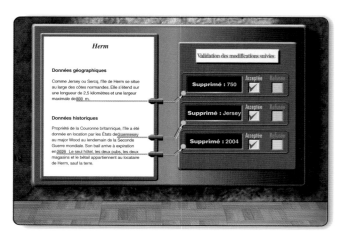

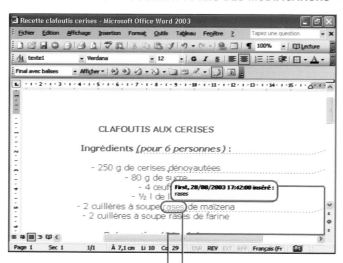

1 Ouvrez le document dont vous voulez revoir les modifications. Consultez à cette fin la page 40.

■ Word affiche les modifications apportées par chaque utilisateur dans une couleur différente.

2 Pour consulter des informations au sujet d'une modification, placez le pointeur I sur cette dernière.

■ Au bout de quelques secondes, un encadré de couleur apparaît, indiquant l'auteur, la date et l'heure du changement.

Vous pouvez revoir les modifications
apportées à un document et suivies,
afin de les accepter ou de les refuser.

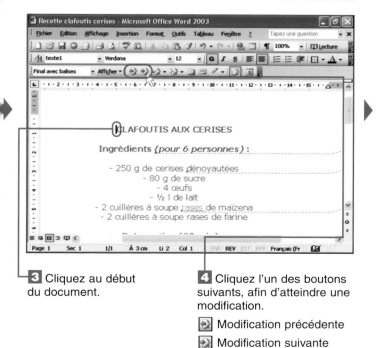

3 Cliquez au début
du document.

4 Cliquez l'un des boutons
suivants, afin d'atteindre une
modification.

Modification précédente

Modification suivante

REPRENDRE UN DOCUMENT
APRÈS UN SUIVI DES MODIFICATIONS

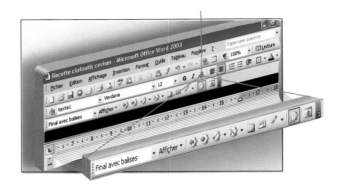

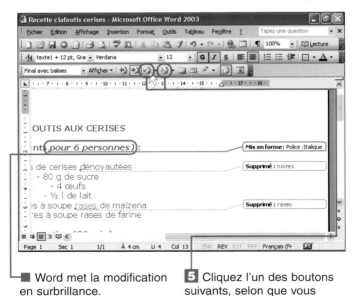

■ Word met la modification en surbrillance.

5 Cliquez l'un des boutons suivants, selon que vous voulez accepter ou refuser la modification.

🗹 Accepter la modification

🗷 Refuser la modification

La barre d'outils Révision peut
se masquer et s'afficher
comme n'importe quelle autre.

Pour savoir comment
procéder, consultez
la page 14.

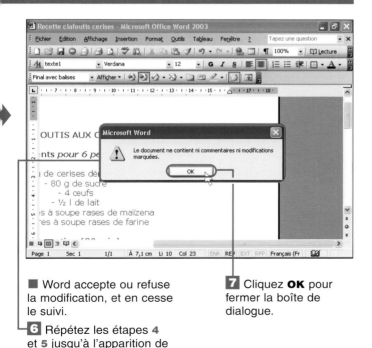

■ Word accepte ou refuse
la modification, et en cesse
le suivi.

6 Répétez les étapes **4**
et **5** jusqu'à l'apparition de
cette boîte de dialogue.

7 Cliquez **OK** pour
fermer la boîte de
dialogue.

CONSULTER LE NOMBRE DE MOTS D'UN DOCUMENT

Chère Marine,

L'université des Sciences Humaines (USHS) fête cette année son cinquantième anniversaire. Nous organisons à cette occasion une grande cérémonie le 22 février, à partir de 20 H.
Nous apprécierions beaucoup que tu amènes d'anciennes photos, si tu en as conservé.

Amitiés
Berthe Fligum

Nombre de mots

━━━ CONSULTER LE NOMBRE DE MOTS D'UN DOCUMENT ━━━

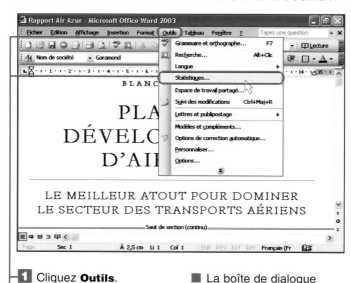

1 Cliquez **Outils**.

2 Cliquez **Statistiques**.

■ La boîte de dialogue Statistiques apparaît.

Vous pouvez demander à Word
de calculer le nombre de mots
contenus dans un document.

Au moment de compter le
nombre de mots d'un document,
Word calcule également le
nombre de pages, de caractères,
de paragraphes et de lignes.

■ Cette zone indique le
nombre total de pages, de
mots, de caractères, de
paragraphes et de lignes
que renferme le document.

3 Après avoir consulté
les informations, cliquez
Fermer, afin de quitter
la boîte de dialogue
Statistiques.

CHANGER LA POLICE DE CARACTÈRES

■ CHANGER LA POLICE DE CARACTÈRES ■

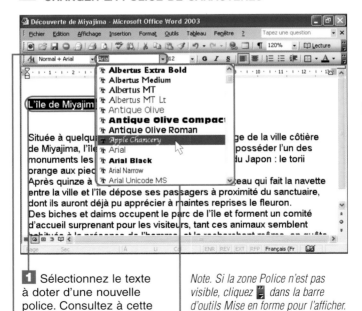

1 Sélectionnez le texte à doter d'une nouvelle police. Consultez à cette fin la page 60.

2 Cliquez 🔽 dans cette zone pour afficher la liste des polices disponibles.

Note. Si la zone Police n'est pas visible, cliquez 🔹 dans la barre d'outils Mise en forme pour l'afficher.

3 Cliquez la police à utiliser.

Note. Word répertorie les dernières polices utilisées au début de la liste.

Vous pouvez améliorer la présentation d'un document en changeant la police des caractères.

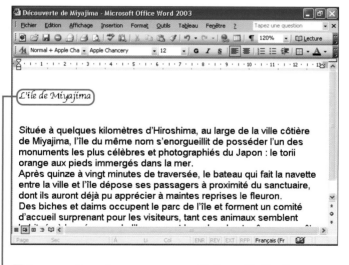

■ La nouvelle police est appliquée au texte sélectionné.

■ Pour désélectionner du texte, cliquez hors de la sélection.

CHANGER LA TAILLE DES CARACTÈRES

■■■ CHANGER LA TAILLE DES CARACTÈRES ■■■

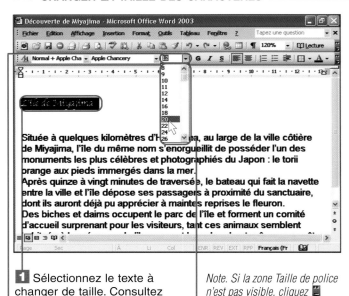

1 Sélectionnez le texte à changer de taille. Consultez à cette fin la page 60.

2 Cliquez ▼ dans cette zone pour afficher la liste des tailles disponibles.

Note. Si la zone Taille de police n'est pas visible, cliquez ▼ dans la barre d'outils Mise en forme pour l'afficher.

3 Cliquez la taille à utiliser.

120

Vous pouvez augmenter ou réduire
la taille du texte dans un document.

Les grands caractères sont
plus faciles à lire, mais un
texte plus petit permet de
faire figurer davantage
d'informations sur une page.

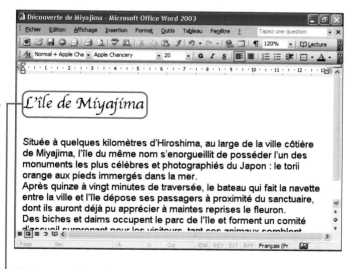

■ La nouvelle taille
est appliquée au texte
sélectionné.

■ Pour désélectionner
du texte, cliquez hors
de la sélection.

METTRE DU TEXTE EN GRAS OU EN ITALIQUE, OU LE SOULIGNER

METTRE DU TEXTE EN GRAS, EN ITALIQUE, OU LE SOULIGNER

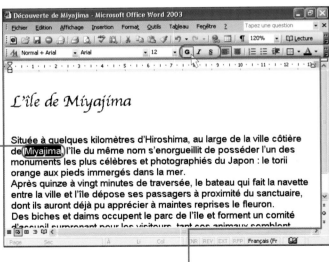

1 Sélectionnez le texte à mettre en forme. Consultez à cette fin la page 60.

2 Cliquez l'un des boutons suivants.

G Gras

I Italique

S Souligné

Note. Si le bouton souhaité n'est pas visible, cliquez ⁚ dans la barre d'outils Mise en forme pour l'afficher.

Vous pouvez utiliser les fonctions Gras, Italique et Souligné pour mettre du texte en valeur dans un document.

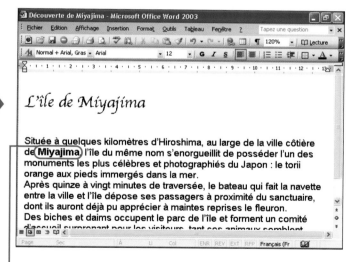

■ Le nouveau style est appliqué au texte sélectionné.

■ Pour désélectionner du texte, cliquez hors de la sélection.

■ Pour retirer une mise en gras ou en italique, ou un soulignement, répétez les étapes **1** et **2**.

CHANGER LA CASSE D'UN TEXTE

CHANGER LA CASSE D'UN TEXTE

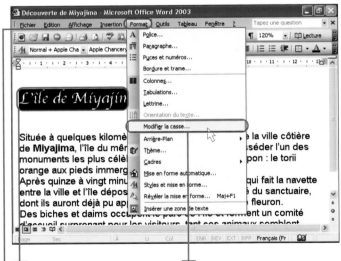

1 Sélectionnez le texte à doter d'une nouvelle casse. Consultez à cette fin la page 60.

2 Cliquez **Format**.

3 Cliquez **Modifier la casse**.

Note. Si la commande Modifier la casse n'est pas visible, placez le pointeur ⤦ au bas du menu pour afficher toutes les options de ce dernier.

Vous pouvez modifier la casse d'un texte sans avoir à retaper ce dernier. Word propose à cette fin cinq options différentes.

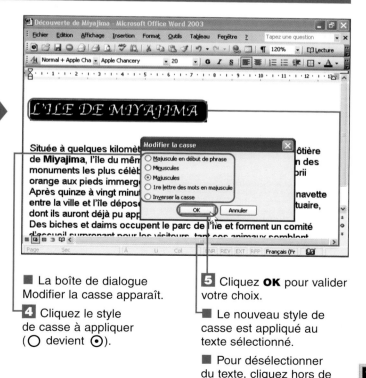

■ La boîte de dialogue Modifier la casse apparaît.

4 Cliquez le style de casse à appliquer (○ devient ⊙).

5 Cliquez **OK** pour valider votre choix.

■ Le nouveau style de casse est appliqué au texte sélectionné.

■ Pour désélectionner du texte, cliquez hors de la sélection.

CHANGER LA COULEUR D'UN TEXTE

CHANGER LA COULEUR D'UN TEXTE

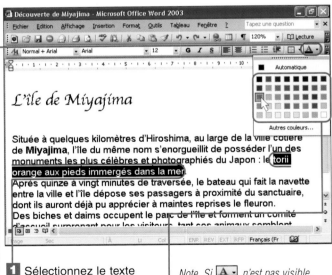

1 Sélectionnez le texte à changer de couleur. Consultez à cette fin la page 60.

2 Cliquez ⋅ dans cette zone pour afficher les teintes disponibles.

Note. Si ▲⋅ n'est pas visible, cliquez 📋 dans la barre d'outils Mise en forme pour l'afficher.

3 Cliquez la couleur à appliquer.

Vous pouvez attirer l'attention sur des titres ou sur des informations importantes d'un document en modifiant la couleur du texte.

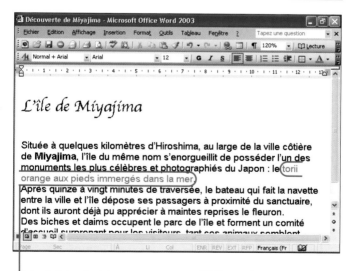

■ La teinte choisie est appliquée au texte sélectionné.

■ Pour désélectionner du texte, cliquez hors de la sélection.

■ Pour rétablir la couleur par défaut d'un texte, répétez les étapes **1** à **3**, en sélectionnant cette fois **Automatique** à l'étape **3**.

SURLIGNER UN TEXTE

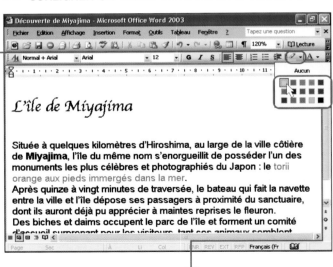

1 Cliquez ⋅ dans cette zone pour afficher les couleurs de surlignage disponibles.

Note. Si n'est pas visible, cliquez dans la barre d'outils Mise en forme pour l'afficher.

2 Cliquez la couleur de surlignage à appliquer.

■ Placé au-dessus du document, le pointeur I devient .

128

Vous pouvez surligner un texte que vous souhaitez mettre en valeur dans un document. Cette mise en forme se révèle utile pour baliser des informations à revoir ou à vérifier ultérieurement.

Si vous envisagez de sortir le document sur une imprimante monochrome, choisissez une couleur de surlignage claire qui n'altère pas la lisibilité du texte imprimé.

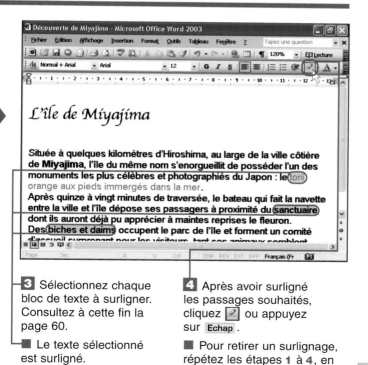

3 Sélectionnez chaque bloc de texte à surligner. Consultez à cette fin la page 60.

■ Le texte sélectionné est surligné.

4 Après avoir surligné les passages souhaités, cliquez 🖉 ou appuyez sur Echap .

■ Pour retirer un surlignage, répétez les étapes **1** à **4**, en sélectionnant cette fois **Aucun** à l'étape **2**.

CHANGER L'APPARENCE D'UN TEXTE

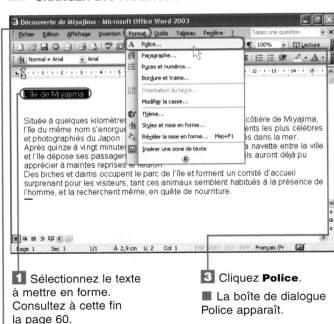

1 Sélectionnez le texte à mettre en forme. Consultez à cette fin la page 60.

2 Cliquez **Format**.

3 Cliquez **Police**.

■ La boîte de dialogue Police apparaît.

Vous pouvez rendre un texte plus
attrayant en diversifiant les polices,
les styles, les tailles, les attributs
et les couleurs.

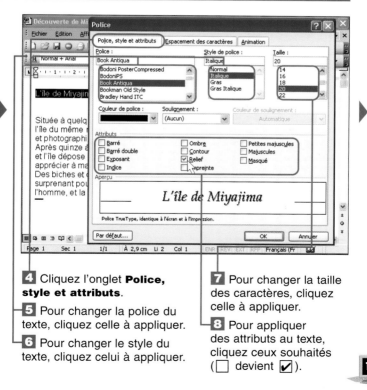

4 Cliquez l'onglet **Police,
style et attributs**.

5 Pour changer la police du
texte, cliquez celle à appliquer.

6 Pour changer le style du
texte, cliquez celui à appliquer.

7 Pour changer la taille
des caractères, cliquez
celle à appliquer.

8 Pour appliquer
des attributs au texte,
cliquez ceux souhaités
(☐ devient ✔).

CHANGER L'APPARENCE D'UN TEXTE

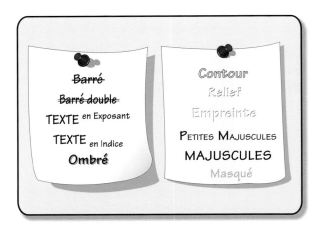

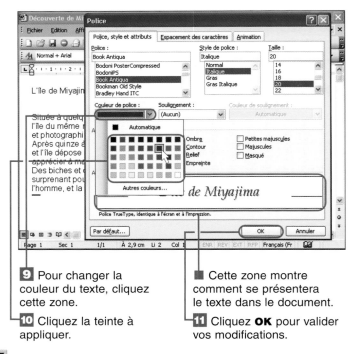

9 Pour changer la couleur du texte, cliquez cette zone.

10 Cliquez la teinte à appliquer.

■ Cette zone montre comment se présentera le texte dans le document.

11 Cliquez **OK** pour valider vos modifications.

Word propose de nombreux attributs
pour changer l'apparence du texte
d'un document.

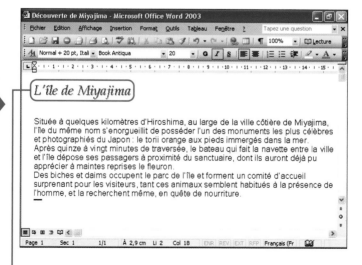

■ Les modifications
sont appliquées au texte
sélectionné.

■ Pour désélectionner
du texte, cliquez hors
de la sélection.

CHANGER L'INTERLIGNAGE

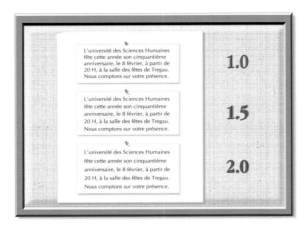

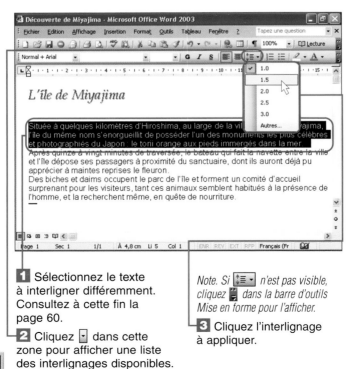

1 Sélectionnez le texte à interligner différemment. Consultez à cette fin la page 60.

2 Cliquez ▪ dans cette zone pour afficher une liste des interlignages disponibles.

Note. Si ▫ n'est pas visible, cliquez ▪ dans la barre d'outils Mise en forme pour l'afficher.

3 Cliquez l'interlignage à appliquer.

Vous pouvez modifier l'importance de l'espace qui sépare les lignes de texte d'un document.

Changer l'interlignage facilite notamment la révision et l'édition d'un document.

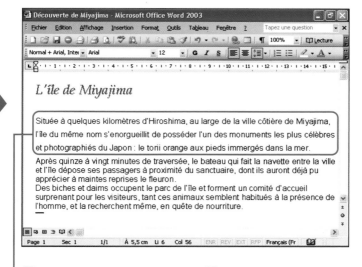

■ Le nouvel interlignage est appliqué au texte sélectionné.

■ Pour désélectionner du texte, cliquez hors de la zone sélectionnée.

CHANGER L'ALIGNEMENT D'UN TEXTE

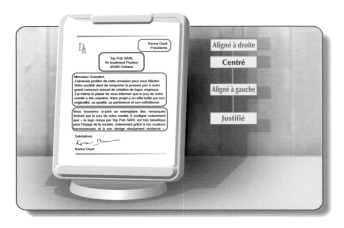

CHANGER L'ALIGNEMENT D'UN TEXTE

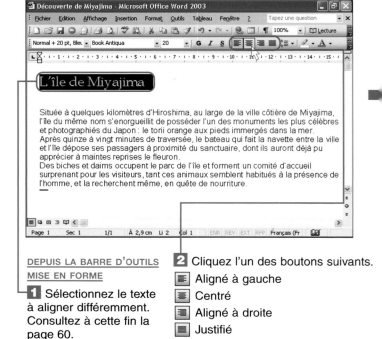

DEPUIS LA BARRE D'OUTILS MISE EN FORME

1 Sélectionnez le texte à aligner différemment. Consultez à cette fin la page 60.

2 Cliquez l'un des boutons suivants.

▤ Aligné à gauche

▤ Centré

▤ Aligné à droite

▤ Justifié

Note. Si le bouton souhaité n'est pas visible, cliquez ▤ dans la barre d'outils Mise en forme pour l'afficher.

Vous pouvez améliorer la présentation
d'un document en alignant le texte de
diverses manières.

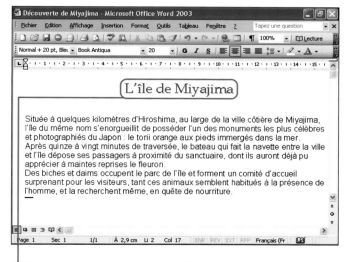

■ Le nouvel alignement
est appliqué au texte
sélectionné.

■ Pour désélectionner du
texte, cliquez hors de la
sélection.

CRÉER UNE LISTE À PUCES OU NUMÉROTÉE

Liste des commissions
- pâte sablée
- fromage blanc
- crème fraîche
- œufs
- sucre vanillé

Recette
1. Préchauffez le four à 220 °C.
2. Faites cuire la pâte à blanc.
3. Tamisez le fromage.
4. Fouettez-le avec la crème fraîche.
5. Ajoutez les œufs entiers, les jaunes, le sucre vanillé et le zeste de citron.
6. Salez, versez sur la pâte et enfournez 20 minutes.

━━ CRÉER UNE LISTE À PUCES OU NUMÉROTÉE ━━

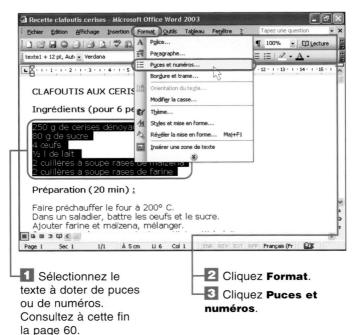

1 Sélectionnez le texte à doter de puces ou de numéros. Consultez à cette fin la page 60.

2 Cliquez **Format**.

3 Cliquez **Puces et numéros**.

Vous pouvez distinguer les éléments d'une liste en commençant chacun d'eux par une puce ou un numéro.

Les **listes à puces** conviennent bien à des éléments sans ordre particulier, tels que les articles d'une liste de commissions.

Les **listes numérotées** se révèlent utiles pour des éléments soumis à un ordre précis, comme les instructions d'une recette.

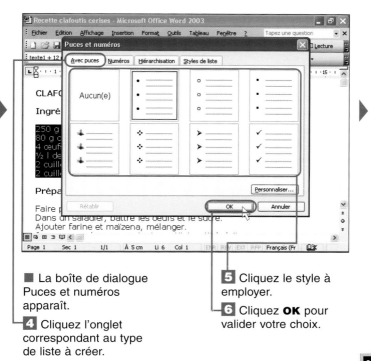

■ La boîte de dialogue Puces et numéros apparaît.

4 Cliquez l'onglet correspondant au type de liste à créer.

5 Cliquez le style à employer.

6 Cliquez **OK** pour valider votre choix.

CRÉER UNE LISTE À PUCES OU NUMÉROTÉE

- Lundi 12 avril -
1. RV chez le dentiste
2. Déjeuner avec Aline
3. Cours de danse
4. Pièce de théâtre

ESPACE

CRÉER UNE LISTE À PUCES OU NUMÉROTÉE (SUITE)

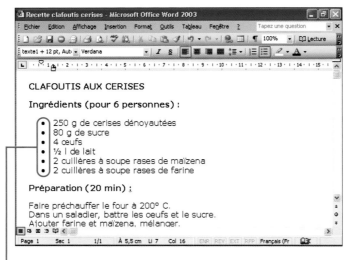

■ Une puce ou un numéro apparaît devant chaque élément de la liste.

■ Pour désélectionner le texte de la liste, cliquez hors de la sélection.

■ Pour retirer les puces ou numéros d'une liste, répétez les étapes **1** à **6**, en choisissant cette fois **Aucun(e)** à l'étape **5**.

Comment créer une liste à puces ou numérotée au cours de la saisie ?

1 Selon que vous voulez créer une liste à puces ou numérotée, tapez respectivement ***** ou **1.**, puis appuyez sur Espace .

2 Saisissez le premier élément de la liste et appuyez sur Entrée : Word fait automatiquement précéder l'élément suivant d'une puce ou d'un numéro.

3 Répétez l'étape **2** pour chaque élément de la liste.

4 Pour terminer la liste, appuyez deux fois sur Entrée .

Note. Quand vous créez une liste à puces ou numérotée au fil de la saisie, le bouton Options de correction automatique ($\overline{\mathcal{B}}$) apparaît. Vous pouvez le cliquer si vous voulez demander à Word de ne pas créer de liste à puces ou numérotée au cours de la frappe.

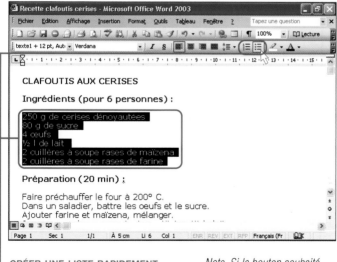

CRÉER UNE LISTE RAPIDEMENT

1 Sélectionnez le texte à doter de puces ou de numéros. Consultez à cette fin la page 60.

2 Cliquez l'un des boutons suivants.

$\equiv$ Ajoute des numéros
$\equiv$ Ajoute des puces

Note. Si le bouton souhaité n'est pas visible, cliquez $\overset{\ast}{\underset{\ast}{\equiv}}$ dans la barre d'outils Mise en forme pour l'afficher.

CRÉER UNE LISTE À PUCES GRAPHIQUES

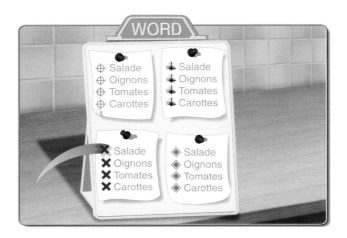

■■■ CRÉER UNE LISTE À PUCES GRAPHIQUES ■■■

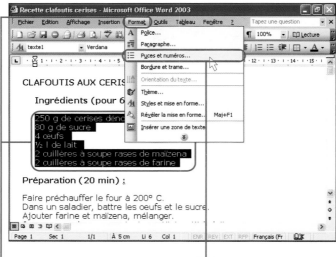

1 Sélectionnez le texte à doter de puces graphiques. Consultez à cette fin la page 60.

2 Cliquez **Format**.

3 Cliquez **Puces et numéros**.

■ La boîte de dialogue Puces et numéros apparaît.

Vous pouvez peaufiner une liste d'éléments
dans un document en commençant chaque
point par une image qui tienne lieu de puce.

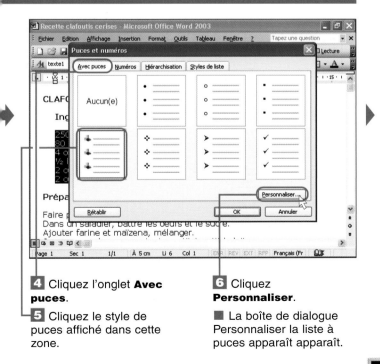

4 Cliquez l'onglet **Avec puces**.

5 Cliquez le style de puces affiché dans cette zone.

6 Cliquez **Personnaliser**.

■ La boîte de dialogue Personnaliser la liste à puces apparaît apparaît.

CRÉER UNE LISTE À PUCES GRAPHIQUES

CRÉER UNE LISTE À PUCES GRAPHIQUES (SUITE)

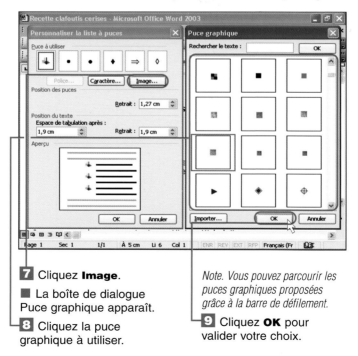

7 Cliquez **Image**.

■ La boîte de dialogue Puce graphique apparaît.

8 Cliquez la puce graphique à utiliser.

Note. Vous pouvez parcourir les puces graphiques proposées grâce à la barre de défilement.

9 Cliquez **OK** pour valider votre choix.

Word mémorise le dernier type de puce graphique utilisé dans le document en cours.
Pour appliquer les mêmes puces à une autre
liste, sélectionnez cette dernière en faisant
glisser le pointeur I dessus, puis cliquez le
bouton Puces (▤) dans la barre d'outils
Mise en forme.

> Si ▤ n'est pas visible, cliquez ▼
> dans la barre d'outils Mise en forme
> pour l'afficher.

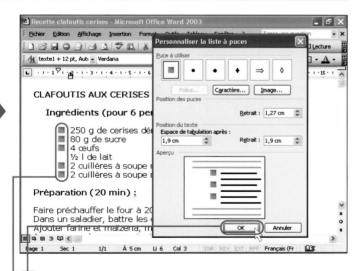

10 Dans la boîte de dialogue
Personnaliser la liste à puces,
cliquez **OK**, afin d'ajouter les
puces graphiques dans le
document.

■ Une puce graphique
apparaît devant chaque
élément de la liste.

■ Pour désélectionner le
texte de la liste, cliquez
hors de la sélection.

METTRE UN PARAGRAPHE EN RETRAIT

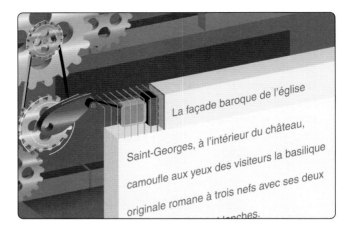

La façade baroque de l'église Saint-Georges, à l'intérieur du château, camoufle aux yeux des visiteurs la basilique originale romane à trois nefs avec ses deux ...nches.

METTRE UN PARAGRAPHE EN RETRAIT

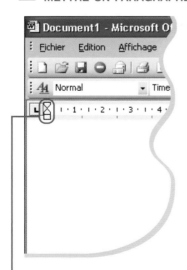

■ Ces symboles permettent d'appliquer un retrait à gauche à un paragraphe.

▽ Retrait de la première ligne

△ Retrait de toutes les lignes, à l'exception de la première

□ Retrait de toutes les lignes

■ Ce symbole (△) permet d'affecter un retrait à droite à toutes les lignes d'un paragraphe.

*Note. Si la règle n'est pas visible, cliquez **Affichage**, puis **Règle**.*

Vous pouvez mettre un paragraphe en retrait, afin de le faire ressortir dans votre document.

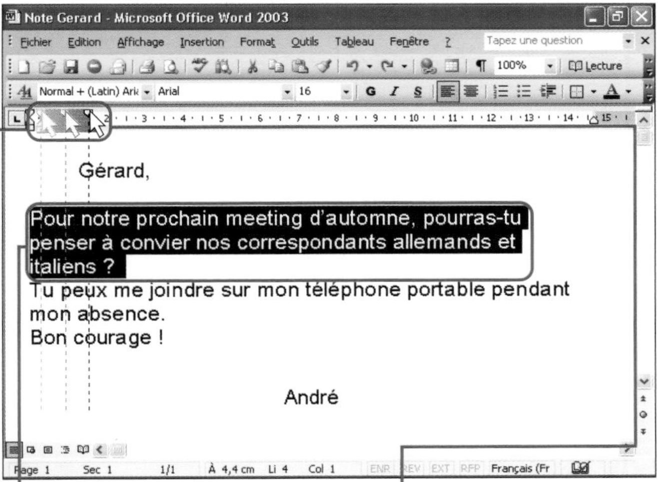

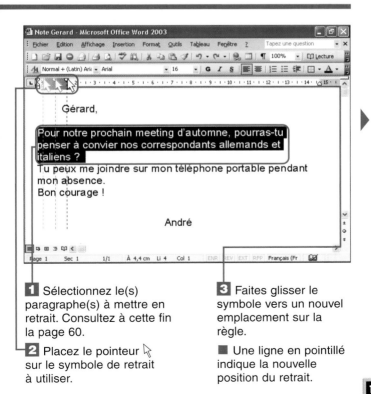

1 Sélectionnez le(s) paragraphe(s) à mettre en retrait. Consultez à cette fin la page 60.

2 Placez le pointeur sur le symbole de retrait à utiliser.

3 Faites glisser le symbole vers un nouvel emplacement sur la règle.

■ Une ligne en pointillé indique la nouvelle position du retrait.

METTRE UN PARAGRAPHE EN RETRAIT

Quels types de retraits puis-je créer ?

Retrait de première ligne

Ne met en retrait que la première ligne du paragraphe. Ce type de retrait sert souvent à matérialiser le début des paragraphes dans des lettres et des documents professionnels.

METTRE UN PARAGRAPHE EN RETRAIT (SUITE)

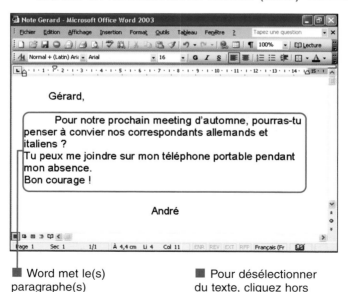

■ Word met le(s) paragraphe(s) sélectionné(s) en retrait.

■ Pour désélectionner du texte, cliquez hors de la sélection.

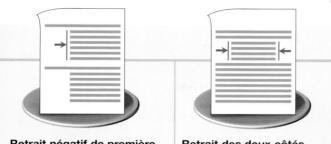

Retrait négatif de première ligne

Décale toutes les lignes d'un paragraphe vers la droite, à l'exception de la première. Ce type de retrait se révèle utile dans les glossaires ou les bibliographies.

Retrait des deux côtés

Applique un retrait des côtés gauche et droit d'un paragraphe. Adoptez cette mise en forme quand vous voulez faire ressortir un bloc de texte, tel une citation, du reste du document.

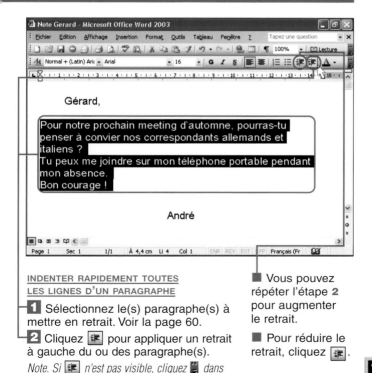

INDENTER RAPIDEMENT TOUTES LES LIGNES D'UN PARAGRAPHE

■1 Sélectionnez le(s) paragraphe(s) à mettre en retrait. Voir la page 60.

■2 Cliquez 🔲 pour appliquer un retrait à gauche du ou des paragraphe(s).

Note. Si 🔲 n'est pas visible, cliquez ⁂ dans la barre d'outils Mise en forme pour l'afficher.

■ Vous pouvez répéter l'étape **2** pour augmenter le retrait.

■ Pour réduire le retrait, cliquez 🔲.

MODIFIER LES TABULATIONS

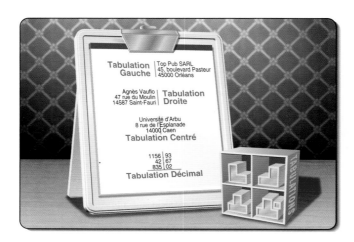

MODIFIER LES TABULATIONS

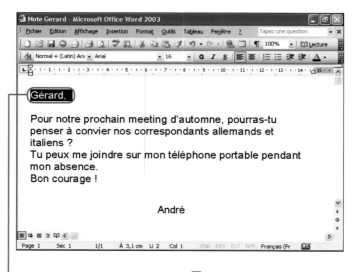

AJOUTER UNE TABULATION

1 Sélectionnez le texte auquel affecter la nouvelle tabulation. Consultez à cette fin la page 60.

■ Pour ajouter une tabulation au texte que vous allez saisir, cliquez là où vous voulez taper ce texte.

Vous pouvez utiliser des tabulations pour aligner des informations en colonnes dans votre document. Word met plusieurs types de tabulations à votre disposition.

Dans une page, Word place automatiquement des tabulations distantes de 1,25 cm.

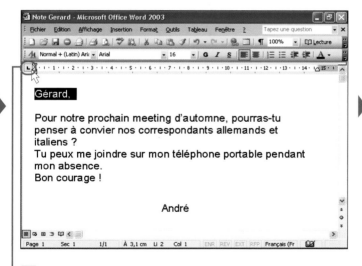

2 Cliquez cette zone jusqu'à faire apparaître le type de tabulation à ajouter.

*Note. Si la règle n'est pas visible, cliquez **Affichage**, puis **Règle**.*

⌊L⌋ Tabulation Gauche   ⌊⊥⌋ Tabulation Décimal

⌊⊥⌋ Tabulation Centré   ⌊ı⌋ Tabulation Barre

⌊⌐⌋ Tabulation Droite

MODIFIER LES TABULATIONS

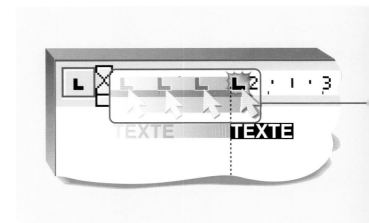

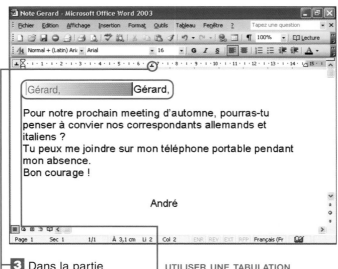

3 Dans la partie inférieure de la règle, cliquez là où vous voulez placer la tabulation.

■ La nouvelle tabulation apparaît sur la règle.

UTILISER UNE TABULATION

1 Cliquez à gauche du premier caractère de la ligne à décaler au niveau de la tabulation, puis appuyez sur `Tab`.

■ Le point d'insertion et le texte qui le suit se déplacent au niveau de la tabulation.

Comment déplacer une tabulation ?

1 Sélectionnez le texte auquel est affectée la tabulation à déplacer. Consultez à cette fin la page 60.

2 Placez le pointeur ⌖ sur la tabulation à déplacer et faites glisser cette dernière vers sa nouvelle position sur la règle. Une ligne en pointillé indique le nouvel emplacement.

■ Le texte marqué par la tabulation est déplacé au nouvel endroit.

SUPPRIMER UNE TABULATION

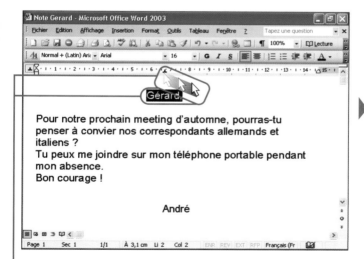

1 Sélectionnez le texte auquel est affectée la tabulation à supprimer. Consultez à cette fin la page 60.

2 Placez le pointeur ⌖ sur la tabulation à supprimer et faites glisser cette dernière vers le bas, en dehors de la règle.

■ La tabulation disparaît de la règle.

■ Pour repositionner le texte contre la marge gauche, cliquez à gauche du premier caractère et appuyez sur ◄Retour arrière .

153

MODIFIER LES TABULATIONS

■ AJOUTER DES POINTS DE SUITE ■

1 Ajoutez une tabulation au texte qui devra inclure des points de suite. Consultez à cette fin la page 150.

2 Sélectionnez le texte qui renferme la tabulation. Consultez à cette fin la page 60.

Vous pouvez faire précéder une tabulation
d'un trait continu ou en pointillé, appelé
points de suite, afin de faciliter le passage
de l'œil d'une colonne d'informations
à une autre.

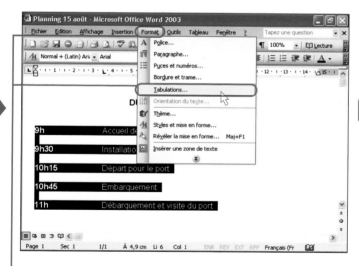

3 Cliquez **Format**.

4 Cliquez **Tabulations**.

*Note. Si la commande Tabulations
n'est pas visible, placez le
pointeur ⍩ au bas du menu pour
afficher toutes les options de ce
dernier.*

■ La boîte de dialogue
Tabulations apparaît.

MODIFIER LES TABULATIONS

━━ AJOUTER DES POINTS DE SUITE (SUITE) ━━

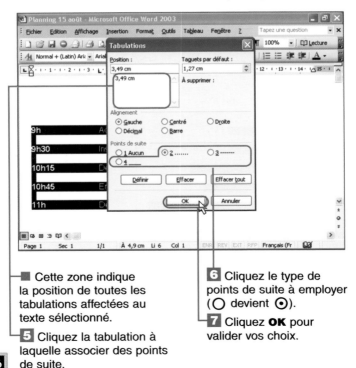

■ Cette zone indique
la position de toutes les
tabulations affectées au
texte sélectionné.

5 Cliquez la tabulation à
laquelle associer des points
de suite.

6 Cliquez le type de
points de suite à employer
(○ devient ⊙).

7 Cliquez **OK** pour
valider vos choix.

Pour retirer des points de suite, répétez les
étapes 2 à 7 des pages 155 et 156, en
sélectionnant cette fois Aucun à l'étape 6.

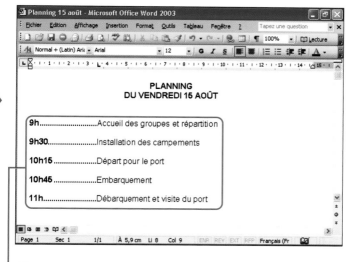

■ Les points de suite
apparaissent dans le texte
sélectionné.

■ Pour désélectionner
du texte, cliquez hors de
la sélection.

CRÉER UNE LETTRINE

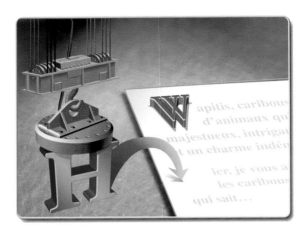

■ CRÉER UNE LETTRINE ■

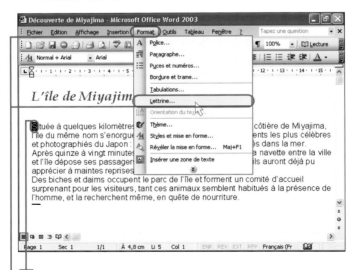

1 Cliquez le
paragraphe à doter
d'une lettrine.

2 Cliquez **Format**.

3 Cliquez **Lettrine**.

*Note. Si la commande Lettrine
n'est pas visible, placez le
pointeur ⩥ au bas du menu pour
afficher toutes les options de ce
dernier.*

■ La boîte de dialogue
Lettrine apparaît.

Vous pouvez créer une grande lettre
majuscule au début d'un paragraphe,
afin de peaufiner l'apparence de ce dernier.

Word ne peut afficher
correctement une lettrine
qu'en modes Page et Web.
Pour changer le mode
d'affichage d'un document,
consultez la page 46.

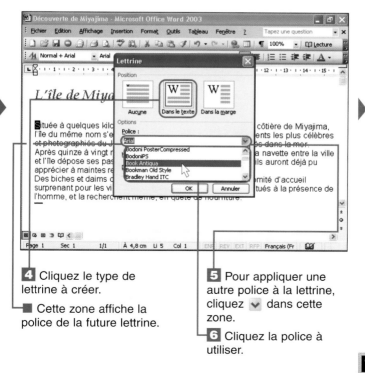

4 Cliquez le type de
lettrine à créer.

■ Cette zone affiche la
police de la future lettrine.

5 Pour appliquer une
autre police à la lettrine,
cliquez 🔽 dans cette
zone.

6 Cliquez la police à
utiliser.

CRÉER UNE LETTRINE

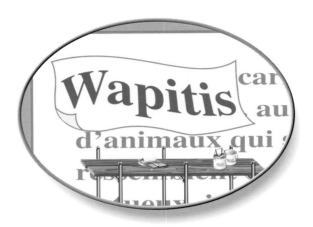

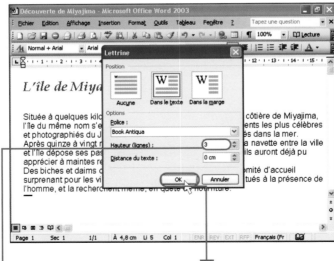

■ Cette zone indique le nombre de lignes qui habilleront la lettrine.

7 Pour modifier le nombre de lignes, double-cliquez cette zone et saisissez un autre chiffre.

8 Cliquez **OK**, afin de créer la lettrine.

Vous pouvez créer une lettrine de plusieurs lettres, voire d'un mot entier au début d'un paragraphe. Sélectionnez les caractères ou le terme à affecter en faisant glisser le pointeur I dessus, puis effectuez les étapes 2 à 8 des pages 158 à 160.

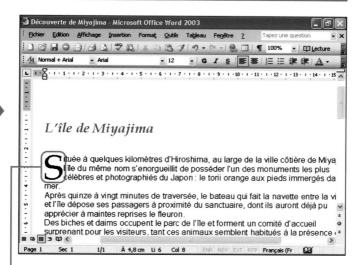

■ La lettrine apparaît dans le document.

■ Pour désélectionner la lettrine, cliquez hors de cette dernière.

■ Pour retirer une lettrine, répétez les étapes 1 à 4, en sélectionnant cette fois **Aucune** à l'étape 4. Passez ensuite à l'étape 8.

AJOUTER UNE BORDURE

— AJOUTER UNE BORDURE —

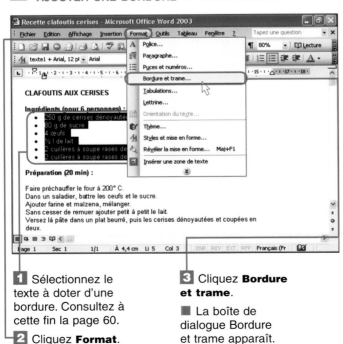

1 Sélectionnez le texte à doter d'une bordure. Consultez à cette fin la page 60.

2 Cliquez **Format**.

3 Cliquez **Bordure et trame**.

■ La boîte de dialogue Bordure et trame apparaît.

Vous pouvez doter le texte d'un document d'une bordure, afin d'attirer l'attention sur des informations importantes.

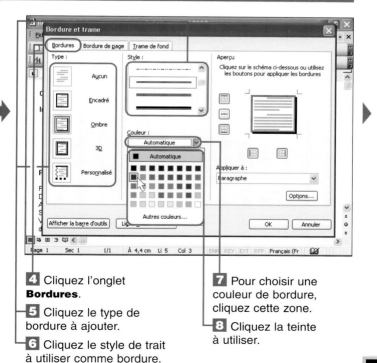

4 Cliquez l'onglet **Bordures**.

5 Cliquez le type de bordure à ajouter.

6 Cliquez le style de trait à utiliser comme bordure.

7 Pour choisir une couleur de bordure, cliquez cette zone.

8 Cliquez la teinte à utiliser.

AJOUTER UNE BORDURE

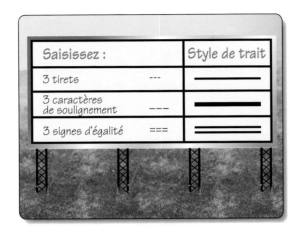

Saisissez :		Style de trait
3 tirets	- - -	
3 caractères de soulignement	_ _ _	
3 signes d'égalité	= = =	

AJOUTER UNE BORDURE (SUITE)

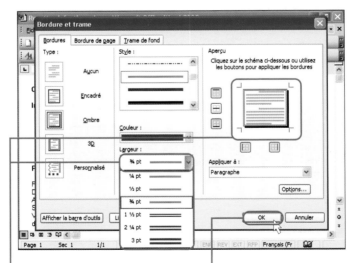

■ Cette zone donne un aperçu de la bordure sélectionnée.

9 Cliquez cette zone, afin de choisir la largeur de la bordure.

10 Cliquez **OK**, afin d'ajouter la bordure dans le document.

Saisissez l'un des jeux de caractères présentés dans le tableau ci-contre et appuyez sur Entrée. Word ajoute alors automatiquement un trait qui traverse la page.

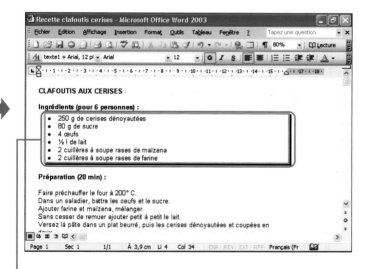

■ La bordure est appliquée au texte sélectionné.

■ Pour désélectionner du texte, cliquez hors de la sélection.

■ Pour retirer une bordure, répétez les étapes **1** à **5**, en sélectionnant cette fois **Aucun** à l'étape **5**. Passez ensuite à l'étape **10**.

APPLIQUER UNE TRAME DE FOND

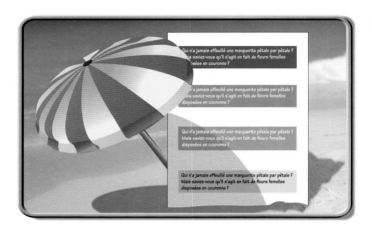

APPLIQUER UNE TRAME DE FOND

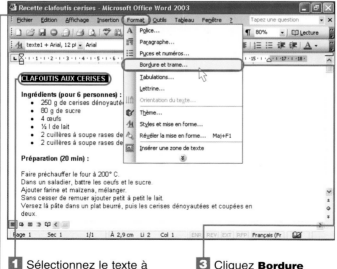

1 Sélectionnez le texte à doter d'une trame de fond. Consultez à cette fin la page 60.

2 Cliquez **Format**.

3 Cliquez **Bordure et trame**.

■ La boîte de dialogue Bordure et trame apparaît.

Vous pouvez faire ressortir un
passage de texte de votre document
en lui affectant une trame de fond.

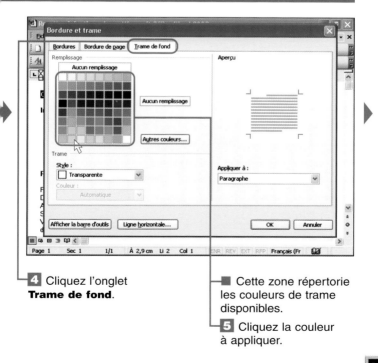

◢ **4** Cliquez l'onglet
Trame de fond.

■ Cette zone répertorie
les couleurs de trame
disponibles.

◢ **5** Cliquez la couleur
à appliquer.

APPLIQUER UNE TRAME DE FOND

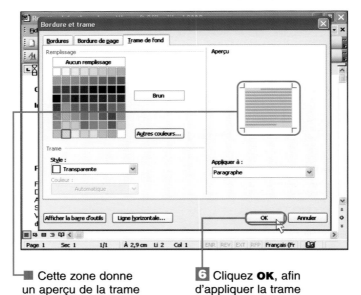

■ Cette zone donne un aperçu de la trame de fond choisie.

6 Cliquez **OK**, afin d'appliquer la trame dans le document.

Comment apparaît la trame de fond ajoutée à mon document sur la page imprimée ?

Lorsque vous sortez votre document sur une imprimante couleur, la trame de fond se présente de la même manière sur la feuille de papier qu'à l'écran. Dans le cas d'une impression sur une machine monochrome, en revanche, toute trame de couleur appliquée au texte est convertie en une nuance de gris sur la page imprimée.

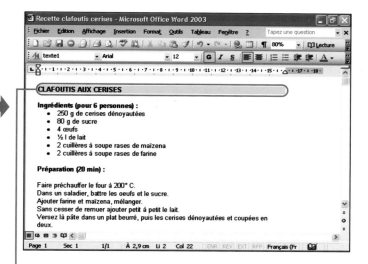

■ La trame de fond est appliquée au texte sélectionné.

■ Pour désélectionner du texte, cliquez hors de la sélection.

■ Pour retirer une trame de fond du document, répétez les étapes **1** à **6**, en sélectionnant cette fois **Aucun remplissage** à l'étape **5**.

COPIER UNE MISE EN FORME

COPIER UNE MISE EN FORME

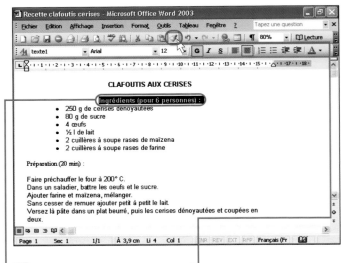

1 Sélectionnez le texte dont vous souhaitez copier la mise en forme. Consultez à cette fin la page 60.

2 Cliquez ✍ pour copier la mise en forme.

Note. Si ✍ n'est pas visible, cliquez ▾ dans la barre d'outils Standard pour l'afficher.

Vous pouvez faire en sorte qu'un bloc
de texte d'un document se présente
exactement comme un autre.

Copier la mise en forme d'un texte se
révèle utile pour présenter à l'identique
tous les titres ou mots importants d'un
document. Cela assure la cohérence
visuelle du document.

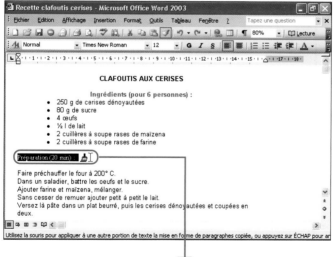

■ Placé au-dessus du
document, le pointeur I
devient ▲I.

3 Sélectionnez le texte à
doter de la même mise en
forme.

COPIER UNE MISE EN FORME

Arial

Monotype Corsiva

Michèle *Roumart*

Michèle Roumart

Arial

COPIER UNE MISE EN FORME (SUITE)

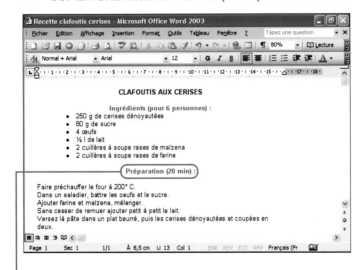

■ La mise en forme copiée est appliquée au texte sélectionné.

■ Pour désélectionner du texte, cliquez hors de la zone sélectionnée.

Si vous copiez la mise en forme d'un texte doté de plusieurs variantes d'un même formatage (différentes polices, par exemple), Word reproduit uniquement la première mise en forme. Par exemple, si vous sélectionnez un texte dont le début est inscrit en Arial, et la suite, en Monotype Corsiva, le programme copie seulement la police Arial.

═══ COPIER UNE MISE EN FORME À PLUSIEURS ENDROITS ═══

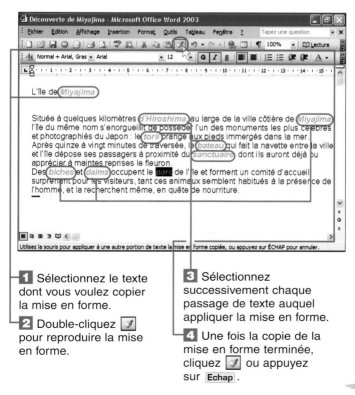

1 Sélectionnez le texte dont vous voulez copier la mise en forme.

2 Double-cliquez 🖌 pour reproduire la mise en forme.

3 Sélectionnez successivement chaque passage de texte auquel appliquer la mise en forme.

4 Une fois la copie de la mise en forme terminée, cliquez 🖌 ou appuyez sur Echap.

RETIRER UNE MISE EN FORME

■■■ RETIRER UNE MISE EN FORME ■■■

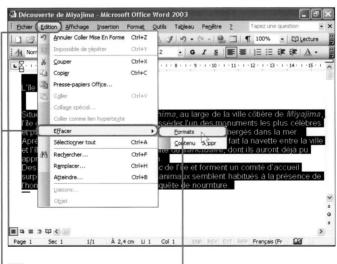

1 Sélectionnez le texte doté de la mise en forme à retirer. Consultez à cette fin la page 60.

2 Cliquez **Edition**.

3 Pointez **Effacer**.

Note. Si la commande Effacer n'est pas visible, placez le pointeur ⬉ au bas du menu pour afficher toutes les options de ce dernier.

4 Cliquez **Formats**.

Il est possible de retirer toute la mise en forme appliquée au texte d'un document.

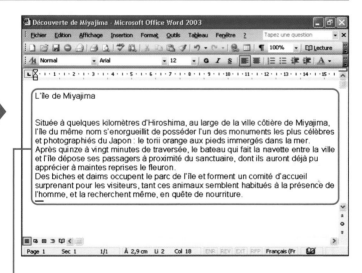

■ Le texte perd sa mise en forme.

■ Pour désélectionner du texte, cliquez hors de la zone sélectionnée.

APPLIQUER UNE MISE EN FORME

APPLIQUER UNE MISE EN FORME À UN PASSAGE

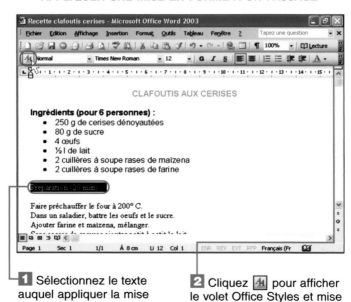

1 Sélectionnez le texte auquel appliquer la mise en forme. Consultez à cette fin la page 60.

2 Cliquez 🔢 pour afficher le volet Office Styles et mise en forme.

Note. Si 🔢 n'est pas visible, cliquez 🔳 dans la barre d'outils Mise en forme pour l'afficher.

Word garde un suivi des mises en forme appliquées au texte d'un document. Il est possible de doter un passage de texte du même format qu'un autre.

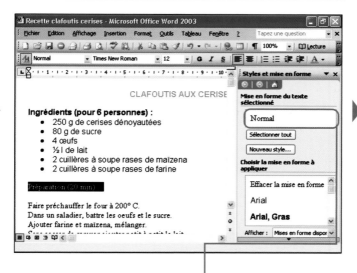

■ Le volet Styles et mise en forme apparaît.

■ Cette zone décrit la mise en forme actuelle du texte sélectionné.

APPLIQUER UNE MISE EN FORME

■■■ APPLIQUER UNE MISE EN FORME À UN PASSAGE (SUITE) ■■■

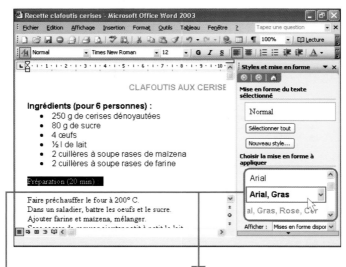

■ Cette zone répertorie les mises en forme utilisées dans le document.

Note. Cette zone liste également les styles prédéfinis de Word et les styles que vous avez créés. Pour plus d'informations sur les styles, consultez les pages 184 à 191.

3 Cliquez la mise en forme à appliquer au texte.

Il est possible de retirer la mise en forme d'un texte. Pour ce faire, répétez les étapes 1 à 3 des pages 176 à 178, en sélectionnant cette fois Effacer la mise en forme à l'étape 3.

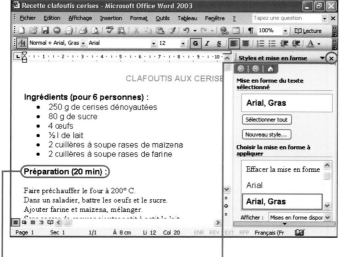

■ Le texte sélectionné adopte la nouvelle mise en forme.

■ Pour désélectionner du texte, cliquez hors de la sélection.

■ Pour masquer le volet Styles et mise en forme, cliquez ☒.

APPLIQUER UNE MISE EN FORME

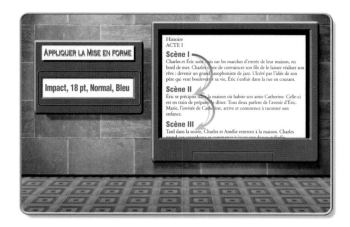

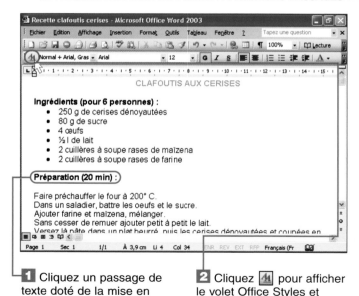

1 Cliquez un passage de texte doté de la mise en forme à modifier dans tout le document.

2 Cliquez ⁴⁴ pour afficher le volet Office Styles et mise en forme.

Note. Si ⁴⁴ n'est pas visible, cliquez ⁓ dans la barre d'outils Mise en forme pour l'afficher.

Vous pouvez changer en un clin d'œil l'apparence de tout le texte d'un document doté de la même mise en forme. Cela vous permet de gagner du temps, tout en gardant un document homogène dans sa présentation.

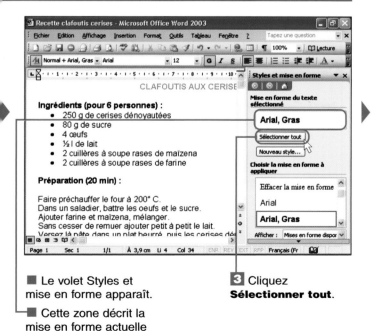

■ Le volet Styles et mise en forme apparaît.

■ Cette zone décrit la mise en forme actuelle du texte cliqué.

3 Cliquez **Sélectionner tout**.

APPLIQUER UNE MISE EN FORME

APPLIQUER UNE MISE EN FORME À PLUSIEURS PASSAGES (SUITE)

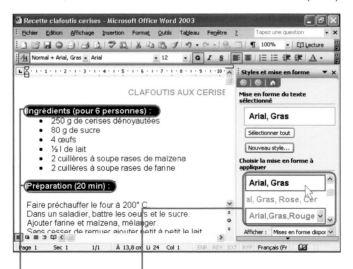

■ Word sélectionne tout le texte du document doté de la même mise en forme.

■ Cette zone répertorie les mises en forme utilisées dans le document.

Note. Cette zone liste également les styles prédéfinis de Word et les styles que vous avez créés. Pour plus d'informations sur les styles, consultez les pages 184 à 191.

4 Cliquez la mise en forme à appliquer au texte.

La mise en forme que je souhaite appliquer ne figure pas dans le volet Office Styles et mise en forme. Que faire ?

Sélectionnez les passages de texte à mettre en forme en effectuant les étapes **1** à **3** des pages 180 et 181. Vous pouvez ensuite le formater comme n'importe quel autre au sein du document. Par exemple, il est possible de changer sa police, sa taille, sa couleur ou son alignement. Pour mettre du texte en forme, consultez les pages 118 à 133.

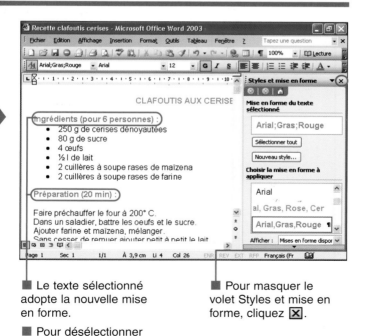

■ Le texte sélectionné adopte la nouvelle mise en forme.

■ Pour désélectionner du texte, cliquez hors de la sélection.

■ Pour masquer le volet Styles et mise en forme, cliquez ☒.

CRÉER UN STYLE

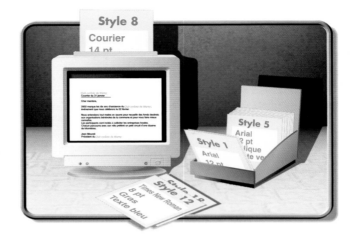

— CRÉER UN STYLE —

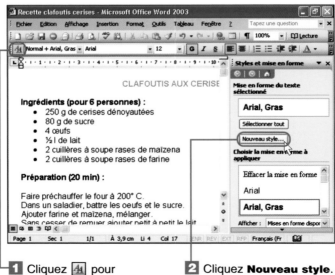

1 Cliquez 🛂 pour afficher le volet Office Styles et mise en forme.

Note. Si 🛂 n'est pas visible, cliquez 🛒 dans la barre d'outils Mise en forme pour l'afficher.

2 Cliquez **Nouveau style**.

Vous pouvez créer un style qui stocke une mise en forme particulière. Il sera ensuite facile d'appliquer rapidement cette dernière au texte d'un document.

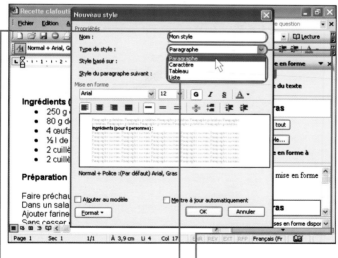

■ La boîte de dialogue Nouveau style apparaît.

3 Saisissez un nom pour le nouveau style.

4 Cliquez cette zone, afin de sélectionner le type de style à créer.

5 Cliquez le type de style à créer.

Note. Pour plus d'informations sur les types de styles, consultez le haut des pages 186 et 187.

CRÉER UN STYLE

Quels types de styles puis-je créer ?

Paragraphe (¶)

Un style de paragraphe comprend la mise en forme qui modifie l'aspect de caractères individuels et de paragraphes entiers, comme l'alignement du texte et l'espacement des lignes.

Caractère (a)

Un style de caractère comprend la mise en forme qui modifie l'aspect de caractères individuels, comme la police et la couleur du texte.

■ CRÉER UN STYLE (SUITE) ■

6 Sélectionnez les options de mise en forme à inclure dans le style.

Note. Les options de formatage proposées dépendent du style choisi.

■ Cette zone donne un aperçu du style.

7 Si vous voulez utiliser le style dans les nouveaux documents créés, cliquez **Ajouter au modèle** (☐ devient ☑).

8 Cliquez **OK** pour créer le style.

Note. Pour masquer le volet Styles et mise en forme, répétez l'étape 1.

186

Tableau (⊞)

Un style de tableau comprend la mise en forme qui modifie l'aspect de tableaux, comme les bordures et les couleurs de fond.

Liste (☰)

Un style de liste comprend la mise en forme qui modifie l'aspect de numéros ou de puces dans une liste, comme leur style et leur mise en retrait.

▬ APPLIQUER UN STYLE ▬

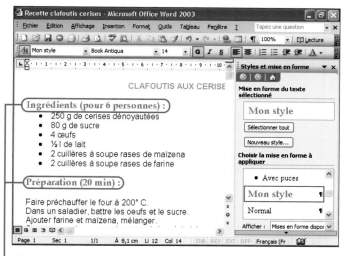

1 Sélectionnez le texte ou la liste à doter d'un style. Consultez à cette fin la page 60.

■ Pour appliquer un style à un tableau, cliquez celui-ci.

2 Répétez les étapes **2** et **3** des pages 176 à 178, afin d'appliquer le style souhaité.

MODIFIER UN STYLE

■■■ MODIFIER UN STYLE ■■■

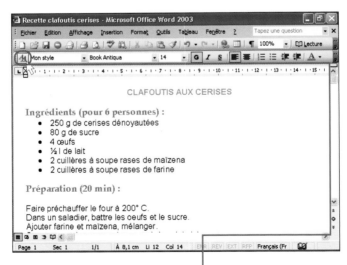

1 Ouvrez un document où figure le style à modifier. Consultez à cette fin la page 40.

2 Cliquez 🖳 pour afficher le volet Office Styles et mise en forme.

Note. Si 🖳 n'est pas visible, cliquez 🔳 dans la barre d'outils Mise en forme pour l'afficher.

Vous pouvez modifier un style préalablement
créé. Word répercute automatiquement ces
changements sur l'ensemble du texte doté
de ce style.

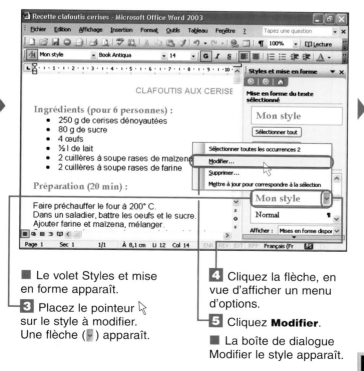

■ Le volet Styles et mise
en forme apparaît.

3 Placez le pointeur
sur le style à modifier.
Une flèche ( ) apparaît.

4 Cliquez la flèche, en
vue d'afficher un menu
d'options.

5 Cliquez **Modifier**.

■ La boîte de dialogue
Modifier le style apparaît.

MODIFIER UN STYLE

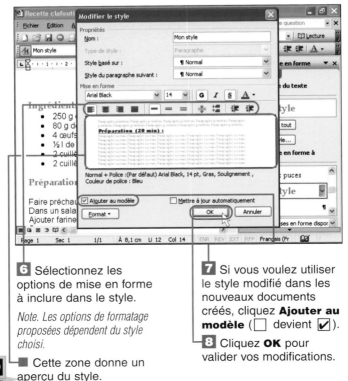

6 Sélectionnez les options de mise en forme à inclure dans le style.

Note. Les options de formatage proposées dépendent du style choisi.

■ Cette zone donne un aperçu du style.

7 Si vous voulez utiliser le style modifié dans les nouveaux documents créés, cliquez **Ajouter au modèle** (☐ devient ☑).

8 Cliquez **OK** pour valider vos modifications.

190

Quand vous modifiez un style, Word ne change pas l'apparence du texte, des listes, ni des tableaux dotés du style en question dans des documents existants.

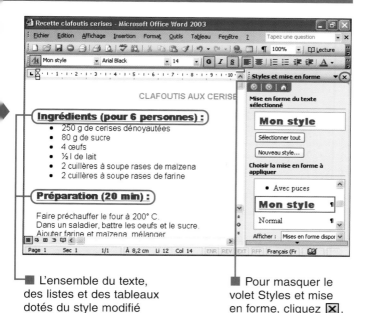

■ L'ensemble du texte, des listes et des tableaux dotés du style modifié change d'apparence.

■ Pour masquer le volet Styles et mise en forme, cliquez ☒.

DÉTERMINER LA MISE EN FORME

DÉTERMINER LA MISE EN FORME

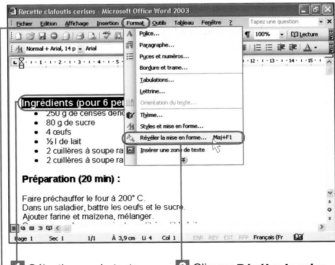

1 Sélectionnez le texte dont vous voulez connaître exactement la mise en forme. Consultez à cette fin la page 60.

2 Cliquez **Format**.

3 Cliquez **Révéler la mise en forme**.

■ Le volet Office Révéler la mise en forme apparaît.

Vous pouvez consulter la liste de toutes les mises en forme appliquées au texte d'un document. Cela se révèle utile quand vous voulez connaître précisément le formatage d'un texte.

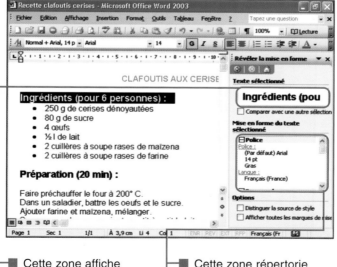

■ Cette zone affiche un échantillon du texte sélectionné.

■ Cette zone répertorie les paramètres de mise en forme appliqués au texte.

4 Pour changer la mise en forme du texte sélectionné, cliquez le titre bleu souligné correspondant au type de formatage à modifier.

DÉTERMINER LA MISE EN FORME

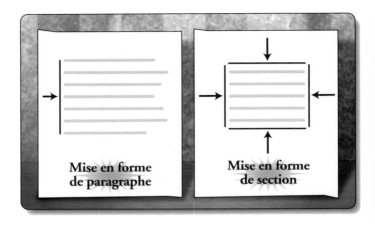

Mise en forme de paragraphe

Mise en forme de section

■ Ici, la boîte de dialogue Police apparaît.

Note. La boîte de dialogue qui s'affiche dépend du titre bleu souligné que vous avez cliqué.

5 Répétez les étapes **5** à **11** des pages 131 et 132 pour modifier la police.

Le volet Révéler la mise en forme permet de déterminer plusieurs types de formatages touchant notamment les caractères, les paragraphes et les sections. Par exemple, il est possible de consulter la mise en forme de la catégorie Paragraphe pour connaître l'alignement du paragraphe en cours, ou de consulter la mise en forme de la catégorie Section pour identifier les marges appliquées à la section en cours.

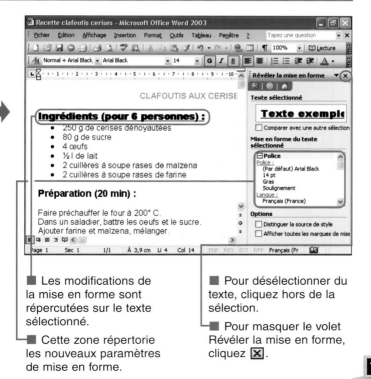

■ Les modifications de la mise en forme sont répercutées sur le texte sélectionné.

■ Cette zone répertorie les nouveaux paramètres de mise en forme.

■ Pour désélectionner du texte, cliquez hors de la sélection.

■ Pour masquer le volet Révéler la mise en forme, cliquez ⊠.

COMPARER LA MISE EN FORME

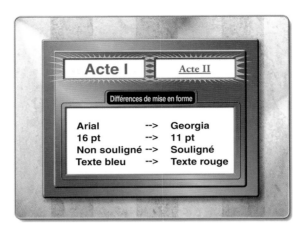

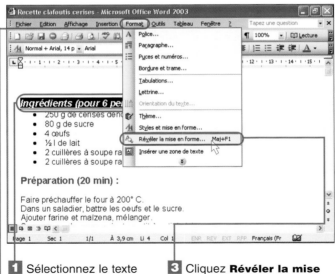

1 Sélectionnez le texte doté de la mise en forme à comparer avec une autre. Consultez à cette fin la page 60.

2 Cliquez **Format**.

3 Cliquez **Révéler la mise en forme**.

■ Le volet Office Révéler la mise en forme apparaît.

Word permet de comparer la mise
en forme de deux passages de texte dans
un document. Vous pouvez ensuite faire
coïncider ces formatages, de façon que
les deux blocs de texte adoptent la même
mise en forme.

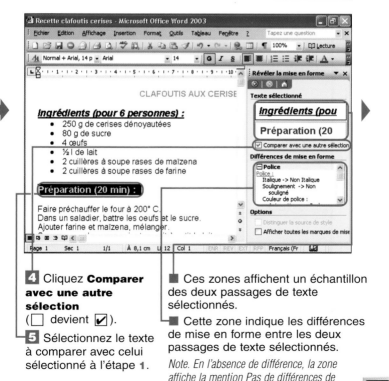

4 Cliquez **Comparer avec une autre sélection**
(☐ devient ☑).

5 Sélectionnez le texte à comparer avec celui sélectionné à l'étape **1**.

■ Ces zones affichent un échantillon des deux passages de texte sélectionnés.

■ Cette zone indique les différences de mise en forme entre les deux passages de texte sélectionnés.

Note. En l'absence de différence, la zone affiche la mention Pas de différences de mise en forme.

COMPARER LA MISE EN FORME

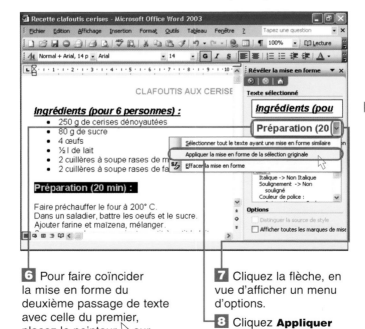

6 Pour faire coïncider la mise en forme du deuxième passage de texte avec celle du premier, placez le pointeur ⌖ sur cette zone. Une flèche (▾) apparaît.

7 Cliquez la flèche, en vue d'afficher un menu d'options.

8 Cliquez **Appliquer la mise en forme de la sélection originale**.

Il devient utile de comparer des mises en forme dans un document qui présente des incohérences de présentation. Par exemple, en formatant un long document, vous risquez parfois d'appliquer à tort une mise en forme différente à deux passages de texte. Par ailleurs, un nouveau document créé avec du texte copié à partir d'un autre fichier peut aussi présenter des incohérences de mise en forme.

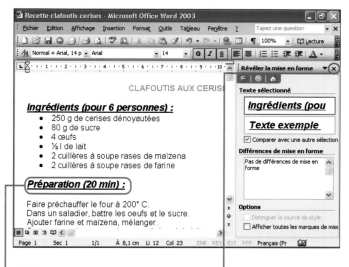

■ Word modifie la mise en forme du deuxième passage de texte, en vue de la faire coïncider avec celle du premier.

■ Pour désélectionner du texte, cliquez hors de la sélection.

■ Pour masquer le volet Révéler la mise en forme, cliquez ☒.

INSÉRER UN SAUT DE PAGE

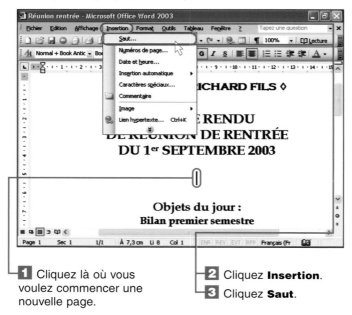

1 Cliquez là où vous voulez commencer une nouvelle page.

2 Cliquez **Insertion**.

3 Cliquez **Saut**.

Si vous souhaitez commencer une nouvelle page à un endroit précis d'un document, vous pouvez insérer un saut de page. Ce dernier matérialise la fin d'une page et le début de la suivante.

Insérer un saut de page permet notamment de faire figurer un titre en haut d'une nouvelle page.

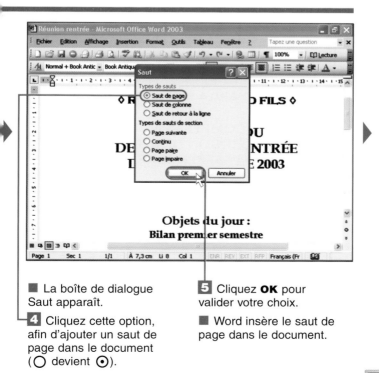

■ La boîte de dialogue Saut apparaît.

4 Cliquez cette option, afin d'ajouter un saut de page dans le document (○ devient ◉).

5 Cliquez **OK** pour valider votre choix.

■ Word insère le saut de page dans le document.

INSÉRER UN SAUT DE PAGE

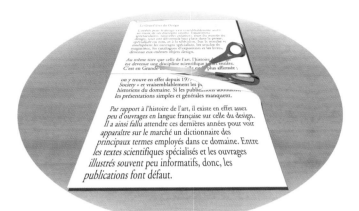

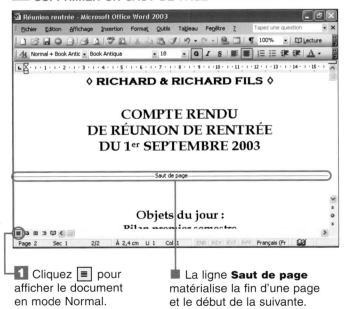

1 Cliquez ≡ pour afficher le document en mode Normal.

■ La ligne **Saut de page** matérialise la fin d'une page et le début de la suivante. Elle n'apparaît pas dans le document imprimé.

Note. Pour voir cette ligne, vous devrez peut-être faire défiler le document.

Lorsque votre texte arrive à la fin d'une page, Word commence automatiquement une nouvelle page en insérant un saut de page.

Il peut s'agir d'un fichier ou d'un programme que vous y aviez ajouté, par exemple, mais que vous n'utilisez plus.

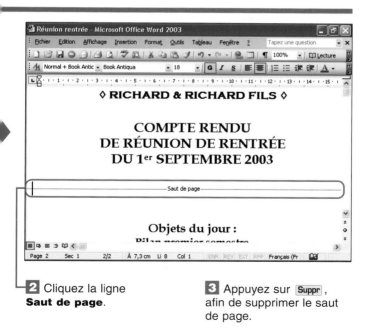

2 Cliquez la ligne **Saut de page**.

3 Appuyez sur Suppr, afin de supprimer le saut de page.

INSÉRER UN SAUT DE SECTION

■ INSÉRER UN SAUT DE SECTION ■

1 Cliquez là où vous voulez commencer une nouvelle section.

2 Cliquez **Insertion**.

3 Cliquez **Saut**.

■ La boîte de dialogue Saut apparaît.

Vous pouvez diviser un document en sections, qu'il sera ensuite possible de mettre en forme individuellement.

Diviser un document en sections permet d'appliquer une mise en forme différente à chaque partie de ce document. Il vous arrivera par exemple de vouloir ajouter des colonnes de type journal ou de changer les marges dans une seule partie de votre document.

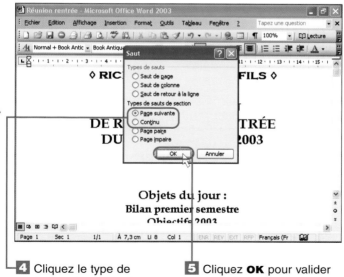

4 Cliquez le type de saut de section à insérer (○ devient ◉).

Page suivante - Crée une nouvelle section sur une nouvelle page.

Continu - Crée une nouvelle section sur la page courante.

5 Cliquez **OK** pour valider votre choix.

■ Word insère le saut de section dans le document.

Note. Un saut de section se supprime comme un saut de page. Consultez à cette fin la page 202.

AJOUTER DES NUMÉROS DE PAGE

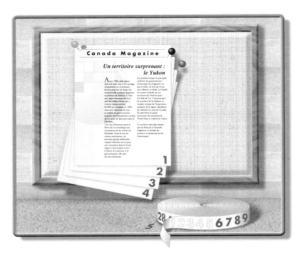

■ AJOUTER DES NUMÉROS DE PAGE ■

1 Cliquez **Insertion**.

2 Cliquez **Numéros de page**.

■ La boîte de dialogue Numéros de page apparaît.

Vous pouvez faire en
sorte que Word numérote
les pages d'un document.

Word ne peut faire apparaître
les numéros de page qu'en
mode Page. Pour changer
l'affichage d'un document,
consultez la page 46.

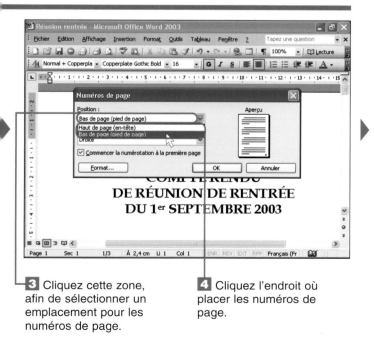

3 Cliquez cette zone,
afin de sélectionner un
emplacement pour les
numéros de page.

4 Cliquez l'endroit où
placer les numéros de
page.

AJOUTER DES NUMÉROS DE PAGE

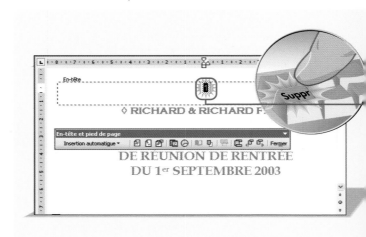

AJOUTER DES NUMÉROS DE PAGE (SUITE)

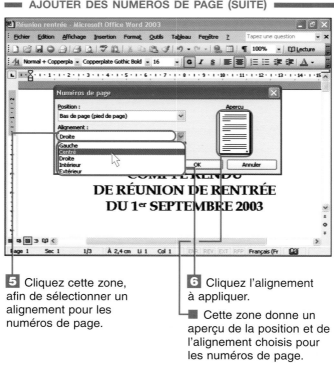

5 Cliquez cette zone, afin de sélectionner un alignement pour les numéros de page.

6 Cliquez l'alignement à appliquer.

■ Cette zone donne un aperçu de la position et de l'alignement choisis pour les numéros de page.

La suppression d'un numéro de page dans un en-tête ou un pied de page entraîne celle de tous les numéros de page du document.

1 Double-cliquez un numéro de page, en vue d'afficher la zone d'en-tête ou de pied de page.

2 Sélectionnez le numéro de page en le double-cliquant.

3 Appuyez sur Suppr, afin de supprimer le numéro de page.

*Note. Pour fermer la zone d'en-tête ou de pied de page, cliquez le bouton **Fermer** dans la barre d'outils En-tête et pied de page.*

7 Pour masquer le numéro sur la première page du document, cliquez cette option (☑ devient ☐).

Note. Cette option est utile si le document commence par une page de titre.

8 Cliquez **OK**, afin d'ajouter les numéros de page dans le document.

■ Si vous apportez par la suite des modifications qui affectent la pagination (en ajoutant ou supprimant du texte, par exemple), Word ajuste les numéros de page à votre place.

AJOUTER UN EN-TÊTE OU UN PIED DE PAGE

1 Cliquez **Affichage**.

2 Cliquez **En-tête et pied de page**.

Il est possible d'ajouter un en-tête et un pied de page sur chaque page d'un document, en vue d'afficher des informations complémentaires, comme un titre de chapitre, un numéro de page ou la date courante.

Un **en-tête** apparaît en haut de chaque page.

Un **pied de page** figure au bas de chaque page.

Word ne peut faire apparaître les en-têtes et les pieds de page qu'en mode Page. Pour changer l'affichage d'un document, consultez la page 46.

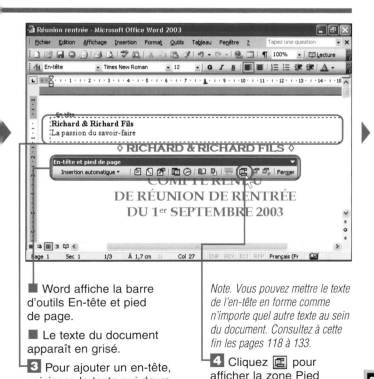

■ Word affiche la barre d'outils En-tête et pied de page.

■ Le texte du document apparaît en grisé.

3 Pour ajouter un en-tête, saisissez le texte qui devra y figurer.

Note. Vous pouvez mettre le texte de l'en-tête en forme comme n'importe quel autre texte au sein du document. Consultez à cette fin les pages 118 à 133.

4 Cliquez 🖳 pour afficher la zone Pied de page.

AJOUTER UN EN-TÊTE
OU UN PIED DE PAGE

AJOUTER UN EN-TÊTE OU UN PIED DE PAGE (SUITE)

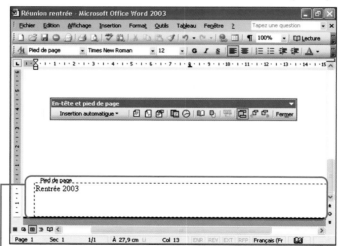

■ La zone Pied de page apparaît.

Note. Vous pouvez retourner dans la zone En-tête à tout moment en répétant l'étape 4.

5 Pour ajouter un pied de page, saisissez le texte qui devra y figurer.

Note. Vous pouvez mettre le texte du pied de page en forme comme n'importe quel autre texte au sein du document. Consultez à cette fin les pages 118 à 133.

Double-cliquez le texte grisé présent dans l'en-tête ou le pied de page à modifier. Apportez ensuite les changements souhaités, comme avec n'importe quel autre texte d'un document. Après avoir terminé, répétez l'étape 6 ci-dessous.

Pour modifier du texte, consultez la page 64.

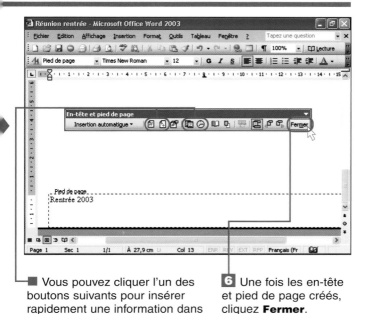

■ Vous pouvez cliquer l'un des boutons suivants pour insérer rapidement une information dans un en-tête ou un pied de page.

🔲	Numéro de page	🗓	Date
🔳	Nombre total de pages	⊘	Heure

6 Une fois les en-tête et pied de page créés, cliquez **Fermer**.

AJOUTER UNE NOTE DE FIN
OU DE BAS DE PAGE

AJOUTER UNE NOTE DE FIN OU DE BAS DE PAGE

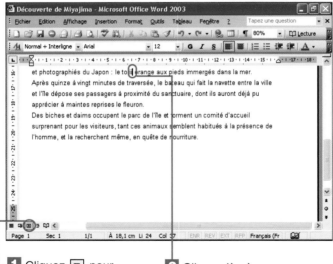

1 Cliquez 回 pour afficher le document en mode Page.

2 Cliquez là où vous voulez ajouter le numéro de la note de fin ou de bas de page.

Note. Le numéro de la note de fin ou de bas de page apparaîtra là où le point d'insertion clignote à l'écran.

Vous pouvez ajouter une note de fin ou de bas de page de document, en vue de donner des renseignements supplémentaires sur un passage du texte. Ces notes permettent de fournir des informations comme une explication, un commentaire ou une référence bibliographique.

En mode Page, Word affiche les notes de fin et de bas de page telles qu'elles apparaîtront sur la page imprimée.

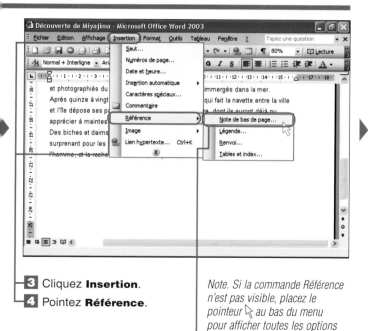

3 Cliquez **Insertion**.

4 Pointez **Référence**.

Note. Si la commande Référence n'est pas visible, placez le pointeur ⬚ au bas du menu pour afficher toutes les options de ce dernier.

5 Cliquez **Note de bas de page**.

AJOUTER UNE NOTE DE FIN OU DE BAS DE PAGE

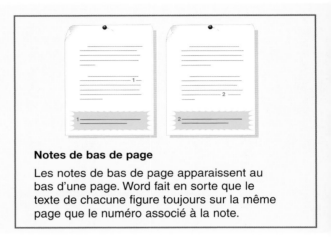

Notes de bas de page

Les notes de bas de page apparaissent au bas d'une page. Word fait en sorte que le texte de chacune figure toujours sur la même page que le numéro associé à la note.

AJOUTER UNE NOTE DE FIN OU DE BAS DE PAGE (SUITE)

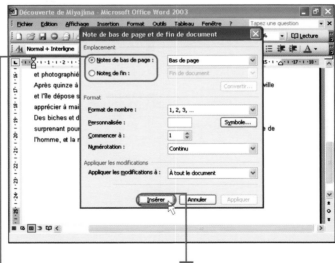

■ La boîte de dialogue Note de bas de page et de fin de document apparaît.

6 Selon le type de note à insérer, cliquez **Notes de bas de page** ou **Notes de fin** (○ devient ⊙).

7 Cliquez **Insérer** pour ajouter la note dans le document.

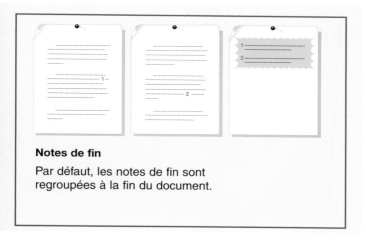

Notes de fin

Par défaut, les notes de fin sont regroupées à la fin du document.

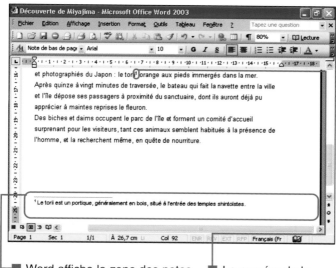

■ Word affiche la zone des notes de fin ou de bas de page.

8 Saisissez le texte de la note. Vous pouvez mettre ce dernier en forme comme n'importe quel autre texte au sein du document. Consultez à cette fin les pages 118 à 133.

■ Le numéro de la note de fin ou de bas de page apparaît dans le document.

Note. Pour voir ce numéro, vous devrez peut-être faire défiler le document.

AJOUTER UNE NOTE DE FIN OU DE BAS DE PAGE

AFFICHER UNE NOTE DE FIN OU DE BAS DE PAGE

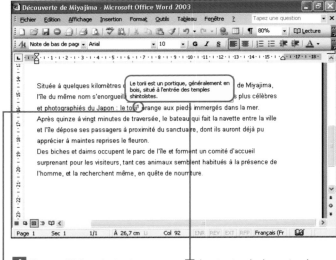

1 Pour afficher le texte d'une note de fin ou de bas de page, placez le pointeur I sur le numéro de la note dans le document (I devient ⬛).

■ Le texte de la note de fin ou de bas de page s'affiche dans un encadré jaune.

Vous pouvez afficher et modifier une note de fin ou de bas de page ajoutée à un document. Il est aussi possible de supprimer une note qui ne se justifie plus.

━━SUPPRIMER UNE NOTE DE FIN OU DE BAS DE PAGE━━

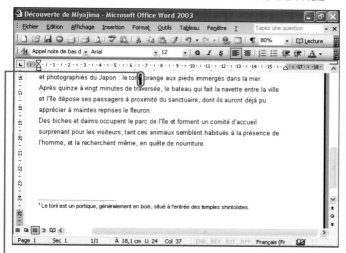

1 Sélectionnez le numéro de la note de fin ou de bas de page à supprimer en faisant glisser le pointeur I dessus.

2 Appuyez sur Suppr.

■ La note de fin ou de bas de page disparaît du document.

■ Word renumérote automatiquement les notes de fin ou de bas de page du document.

Note. Pour modifier une note, double-cliquez son numéro.

CHANGER LES MARGES

CHANGER LES MARGES

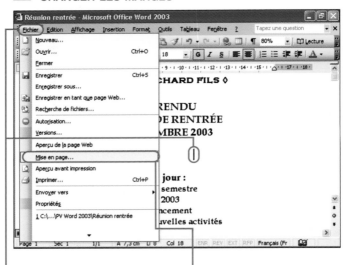

1 Cliquez n'importe où dans le document ou la section dont vous voulez changer les marges.

2 Cliquez **Fichier**.

3 Cliquez **Mise en page**.

Une marge correspond à l'espace qui sépare le texte de votre document et le bord du papier. Vous pouvez changer les marges en fonction de vos besoins.

Word applique automatiquement des marges de 2,5 cm en haut, en bas, à gauche et à droite.

Changer les marges permet de faire figurer davantage ou moins d'informations sur une seule et même page, mais aussi d'adapter votre texte à du papier à en-tête et à d'autres papiers spéciaux.

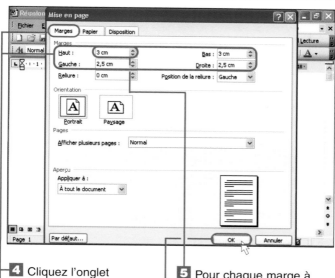

4 Cliquez l'onglet **Marges**.

■ Cette zone indique les marges actuelles du document ou de la section.

5 Pour chaque marge à modifier, double-cliquez le nombre dans la zone correspondante et tapez une nouvelle valeur pour la marge.

6 Cliquez **OK** pour valider vos modifications.

CENTRER DU TEXTE VERTICALEMENT SUR UNE PAGE

■■■ CENTRER DU TEXTE VERTICALEMENT SUR UNE PAGE ■■■

1 Cliquez n'importe où dans le document ou la section dont vous voulez centrer le texte verticalement.

Note. Pour ne centrer verticalement qu'un bloc de texte dans un document, vous devez diviser ce dernier en sections. Consultez à cette fin la page 204.

2 Cliquez **Fichier**.

3 Cliquez **Mise en page**.

■ La boîte de dialogue Mise en page apparaît.

Vous pouvez centrer du texte verticalement sur chaque page d'un document. Cela se révèle utile pour créer des pages de titres et de brefs mémos.

Quand vous centrez du texte verticalement sur une page, Word le centre par rapport aux marges supérieure et inférieure de la page (voir page 220).

Word ne peut faire apparaître le texte centré verticalement sur la page qu'en mode Page (voir page 46).

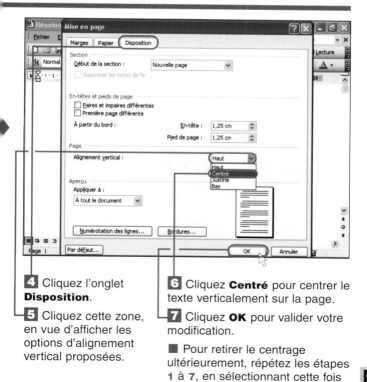

4 Cliquez l'onglet **Disposition**.

5 Cliquez cette zone, en vue d'afficher les options d'alignement vertical proposées.

6 Cliquez **Centré** pour centrer le texte verticalement sur la page.

7 Cliquez **OK** pour valider votre modification.

■ Pour retirer le centrage ultérieurement, répétez les étapes 1 à 7, en sélectionnant cette fois **Haut** à l'étape 6.

CHANGER L'ORIENTATION D'UNE PAGE

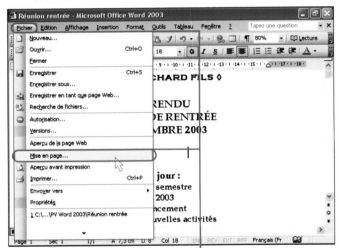

━━━ CHANGER L'ORIENTATION D'UNE PAGE ━━━

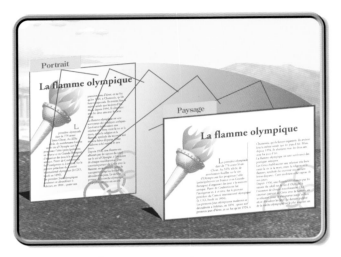

1 Cliquez n'importe où dans le document ou la section dont vous voulez modifier l'orientation des pages.

Note. Pour changer l'orientation des pages d'une partie, seulement, d'un document, vous devez diviser ce dernier en sections. Consultez à cette fin la page 204.

2 Cliquez **Fichier**.

3 Cliquez **Mise en page**.

■ La boîte de dialogue Mise en page apparaît.

Vous pouvez modifier l'orientation des pages d'un document. Ce paramètre définit le sens dans lequel les informations seront disposées sur la page imprimée.

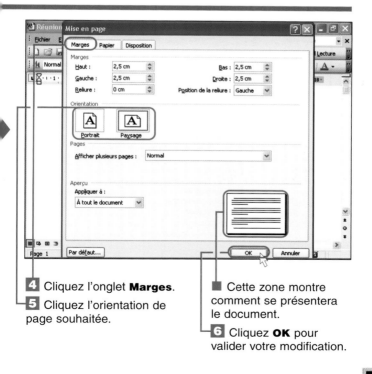

4 Cliquez l'onglet **Marges**.

5 Cliquez l'orientation de page souhaitée.

■ Cette zone montre comment se présentera le document.

6 Cliquez **OK** pour valider votre modification.

AJOUTER UNE BORDURE DE PAGE

AJOUTER UNE BORDURE DE PAGE

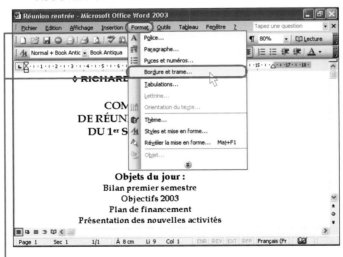

AJOUTER UNE BORDURE LINÉAIRE

1 Cliquez **Format**.

2 Cliquez **Bordure et trame**.

■ La boîte de dialogue Bordure et trame apparaît.

Vous pouvez améliorer la
présentation d'un document
en entourant chaque page
d'une bordure.

Word ne peut faire
apparaître les bordures
de page qu'en mode
Page (voir page 46).

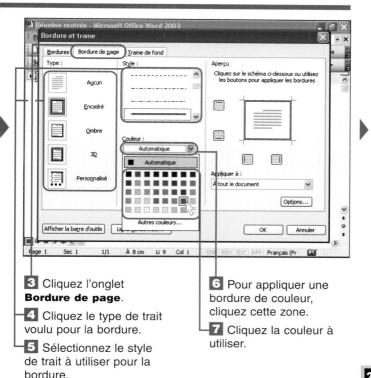

3 Cliquez l'onglet
Bordure de page.

4 Cliquez le type de trait
voulu pour la bordure.

5 Sélectionnez le style
de trait à utiliser pour la
bordure.

6 Pour appliquer une
bordure de couleur,
cliquez cette zone.

7 Cliquez la couleur à
utiliser.

AJOUTER UNE BORDURE DE PAGE

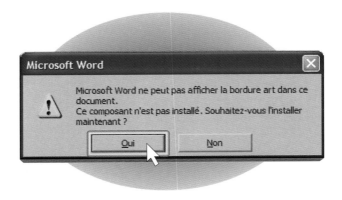

■■■ AJOUTER UNE BORDURE DE PAGE (SUITE) ■■■

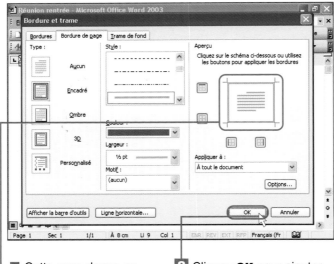

■ Cette zone donne un aperçu de la bordure sélectionnée.

8 Cliquez **OK** pour ajouter la bordure au document.

■ Pour retirer une bordure linéaire, répétez les étapes **1** à **4**, en choisissant cette fois **Aucun** à l'étape **4**. Passez ensuite à l'étape **8**.

Une boîte de dialogue apparaît si les bordures à motifs ne sont pas installées sur votre ordinateur. Insérez le CD-ROM utilisé pour l'installation de Word dans le lecteur correspondant. Cliquez ensuite Oui pour installer les bordures à motifs.

Si une fenêtre apparaît à l'écran, cliquez ✕ dans son angle supérieur droit pour la fermer.

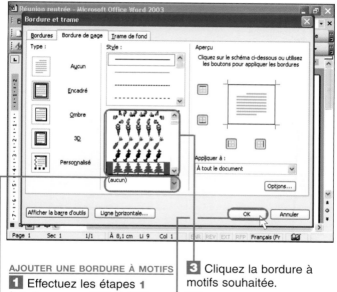

AJOUTER UNE BORDURE À MOTIFS

1 Effectuez les étapes **1** à **3** des pages 226 et 227.

2 Cliquez cette zone, en vue d'afficher les bordures à motifs proposées.

Note. Si une boîte de dialogue apparaît, consultez le haut de cette page.

3 Cliquez la bordure à motifs souhaitée.

4 Cliquez **OK**.

■ Pour retirer une bordure à motifs, répétez les étapes **1** à **4** des pages 226 et 227, en choisissant **Aucun** à l'étape **4**. Passez à l'étape **8**.

CRÉER DES COLONNES DE TYPE JOURNAL

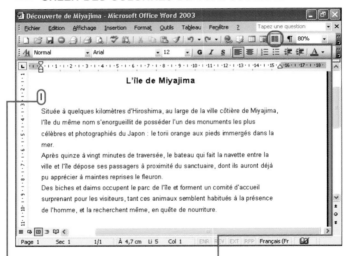

1 Cliquez n'importe où dans le document ou la section à disposer en colonnes de type journal.

Note. Pour créer des colonnes de type journal dans une partie, seulement, d'un document, vous devez diviser ce dernier en sections. Consultez à cette fin la page 204.

2 Cliquez 🔲, afin de créer des colonnes de type journal.

Note. Si 🔲 n'est pas visible, cliquez 🔽 dans la barre d'outils Standard pour l'afficher.

Vous pouvez disposer du texte en colonnes à la manière des journaux. Cela se révèle utile pour créer des documents tels que des bulletins et des brochures.

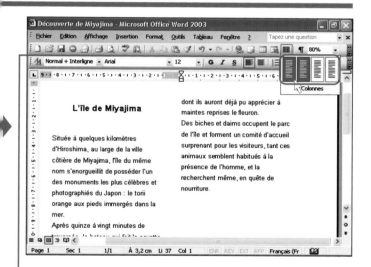

3 En faisant glisser le pointeur ⌖, mettez en surbrillance le nombre de colonnes à créer.

Note. Pour insérer un saut de colonne, cliquez là où devra commencer la colonne, puis répétez les étapes 2 à 5 des pages 200 et 201, en cliquant Saut de colonne à l'étape 4.

■ Word complète la première colonne avant d'inscrire du texte dans une deuxième.

■ Pour retirer des colonnes, répétez les étapes 1 à 3, en sélectionnant une seule colonne à l'étape 3.

OBTENIR UN APERÇU AVANT IMPRESSION

OBTENIR UN APERÇU AVANT IMPRESSION

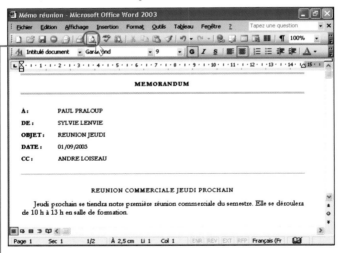

1 Cliquez 🔍 pour obtenir un aperçu avant impression du document.

Note. Si 🔍 n'est pas visible, cliquez ⁝ dans la barre d'outils Standard pour l'afficher.

■ La fenêtre Aperçu avant impression apparaît.

La fonction Aperçu avant impression permet de visualiser un document tel qu'il apparaîtra une fois imprimé.

Vous pouvez ainsi vérifier que l'exemplaire imprimé sera conforme à vos souhaits.

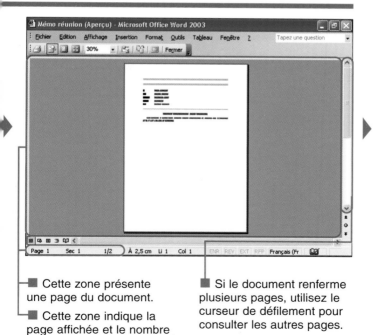

■ Cette zone présente une page du document.

■ Cette zone indique la page affichée et le nombre total de pages du document.

■ Si le document renferme plusieurs pages, utilisez le curseur de défilement pour consulter les autres pages.

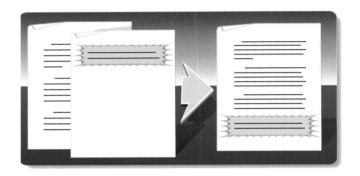

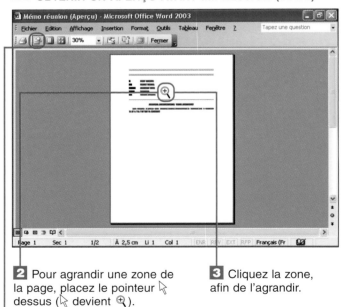

2 Pour agrandir une zone de la page, placez le pointeur ⬉ dessus (⬉ devient ⊕).

■ Si, placé sur la page, le pointeur se présente sous la forme I, cliquez 🔲.

3 Cliquez la zone, afin de l'agrandir.

Si la dernière page de votre document ne renferme que quelques lignes de texte, Word peut resserrer le texte, de manière à placer ces lignes isolées sur la page précédente. Pour ce faire, cliquez le bouton Ajuster (⬚) dans la fenêtre Aperçu avant impression.

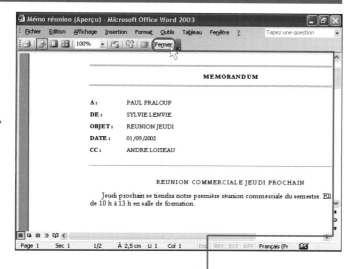

■ Une version agrandie de la zone s'affiche.

4 Pour faire réapparaître la page entière, cliquez n'importe où dans cette page.

5 Après avoir revu le document, cliquez **Fermer**, afin de quitter la fenêtre Aperçu avant impression.

IMPRIMER UN DOCUMENT

■■■ **IMPRIMER UN DOCUMENT** ■■■

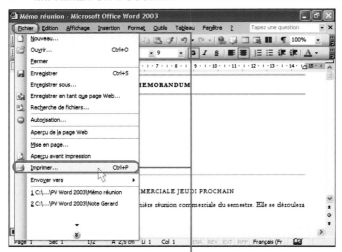

1 Cliquez n'importe où dans le document ou la page à imprimer.

■ Pour n'imprimer qu'un bloc de texte du document, sélectionnez-le. Consultez à cette fin la page 60.

2 Cliquez **Fichier**.

3 Cliquez **Imprimer**.

■ La boîte de dialogue Imprimer apparaît.

Vous pouvez sortir une version papier du document affiché à l'écran.

Avant d'imprimer un document, assurez-vous que l'imprimante est allumée et qu'elle dispose de la quantité de papier nécessaire.

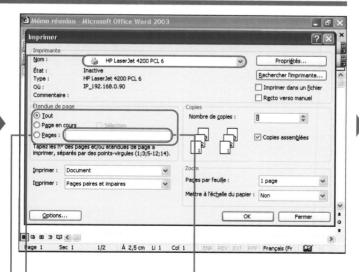

■ Cette zone indique l'imprimante vers laquelle sera envoyé le document à imprimer. Vous pouvez la cliquer pour changer de périphérique.

4 Cliquez l'option d'impression souhaitée (○ devient ⊙).

Note. Pour plus d'informations sur les options d'impression, consultez le haut de la page 238.

■ Si vous avez sélectionné **Pages** à l'étape **4**, entrez dans cette zone le numéro des pages à imprimer (exemple : 1;3;5 ou 2-4).

IMPRIMER UN DOCUMENT

Options d'impression

Tout

Imprime toutes les pages du document.

Page en cours

Imprime la page où se trouve le point d'insertion.

━━━ IMPRIMER UN DOCUMENT (SUITE) ━━━

5 Pour imprimer plusieurs exemplaires du document, double-cliquez la valeur dans cette zone et tapez le nombre de copies à produire.

6 Cliquez **OK**.

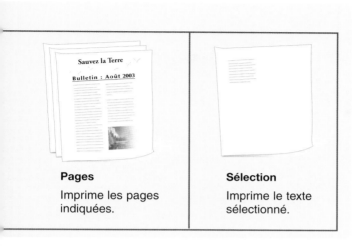

Pages

Imprime les pages indiquées.

Sélection

Imprime le texte sélectionné.

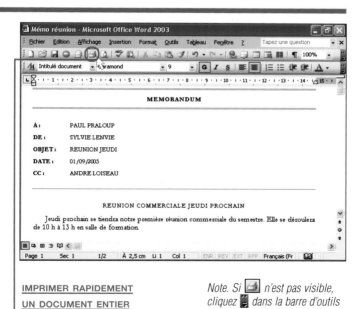

**IMPRIMER RAPIDEMENT
UN DOCUMENT ENTIER**

1 Cliquez 🖨.

Note. Si 🖨 n'est pas visible, cliquez ⏷ dans la barre d'outils Standard pour l'afficher.

CHANGER LA TAILLE DU PAPIER ET LA SOURCE D'ALIMENTATION

━━ **CHANGER LA TAILLE DU PAPIER ET L'ALIMENTATION** ━━

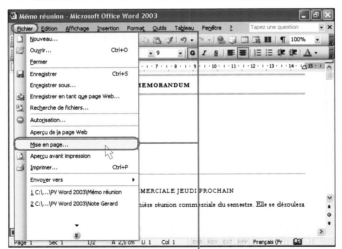

1 Cliquez n'importe où dans le document ou la section à imprimer sur un autre papier.

Note. Si vous souhaitez changer la taille du papier ou la source d'alimentation pour une partie, seulement, du document, vous devez diviser ce dernier en sections. Consultez à cette fin la page 204.

2 Cliquez **Fichier**.

3 Cliquez **Mise en page**.

■ La boîte de dialogue Mise en page apparaît.

Par défaut, Word configure chaque page d'un document pour être imprimée sur du papier A4. Rien ne vous empêche néanmoins de modifier ce paramètre si vous préférez utiliser des feuilles d'une autre taille. Vous pouvez également changer l'endroit où Word recherche le papier nécessaire à l'impression du document.

4 Cliquez l'onglet **Papier**.

5 Pour changer la taille du papier, cliquez cette zone, en vue d'afficher une liste des tailles de supports acceptées par votre imprimante.

6 Cliquez la taille de papier à utiliser.

CHANGER LA TAILLE DU PAPIER ET LA SOURCE D'ALIMENTATION

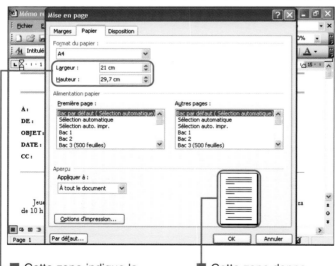

■ Cette zone indique la hauteur et la largeur du papier choisi.

■ Cette zone donne un aperçu de la taille de papier retenue.

Il devient utile de changer la source d'alimentation lorsque votre imprimante stocke du papier à en-tête à un endroit, et du papier ordinaire à un autre. Vous pouvez ainsi imprimer la première page du document sur du papier à en-tête, et le reste du fichier sur du papier ordinaire.

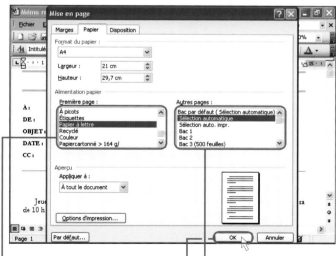

7 Si vous voulez changer la source d'alimentation, cliquez celle à utiliser pour la première page du document ou de la section.

Note. Les options proposées pour l'alimentation dépendent de votre imprimante.

8 Dans cette zone, cliquez la source d'alimentation à employer pour les autres pages du document ou de la section.

9 Cliquez **OK** pour valider vos modifications.

CRÉER UN TABLEAU

■ CRÉER UN TABLEAU ■

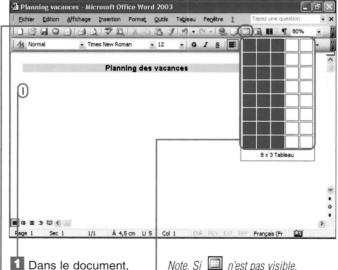

1 Dans le document, cliquez là où vous souhaitez placer un tableau.

2 Cliquez ▦, afin de créer un tableau.

Note. Si ▦ n'est pas visible, cliquez ⯆ dans la barre d'outils Standard pour l'afficher.

3 Faites glisser le pointeur ⬉ jusqu'à avoir mis en surbrillance le nombre de colonnes et de lignes qui devront composer le tableau.

Vous pouvez créer un tableau,
afin de présenter clairement des
informations dans un document.

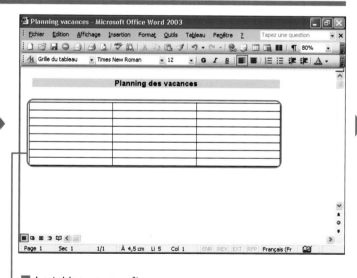

■ Le tableau apparaît
dans le document.

CRÉER UN TABLEAU

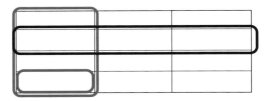

Ligne
Colonne
Cellule

CRÉER UN TABLEAU (SUITE)

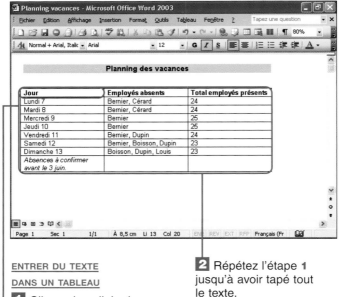

<u>ENTRER DU TEXTE</u>

<u>DANS UN TABLEAU</u>

1 Cliquez la cellule dans laquelle vous voulez entrer du texte, puis saisissez ce dernier.

2 Répétez l'étape **1** jusqu'à avoir tapé tout le texte.

Un tableau se compose
de lignes, de colonnes et
de cellules.

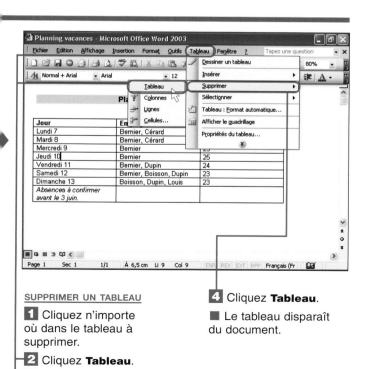

SUPPRIMER UN TABLEAU

1 Cliquez n'importe où dans le tableau à supprimer.

2 Cliquez **Tableau**.

3 Pointez **Supprimer**.

4 Cliquez **Tableau**.

■ Le tableau disparaît du document.

AJOUTER UNE LIGNE OU UNE COLONNE

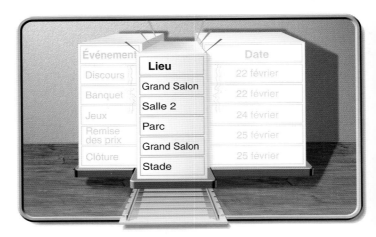

AJOUTER UNE LIGNE OU UNE COLONNE

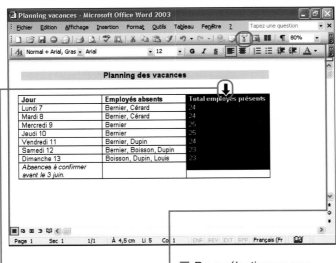

Word insérera une ligne au-dessus de celle sélectionnée, ou une colonne à gauche de celle sélectionnée.

1 Pour sélectionner une colonne, placez le pointeur I au-dessus d'elle (I devient ↓), puis cliquez.

■ Pour sélectionner une ligne, placez le pointeur I à sa gauche (I devient ⇗), puis cliquez.

2 Selon le cas, cliquez 🖅 ou 🖅.

Note. Si le bouton souhaité n'est pas visible, cliquez 🖫 dans la barre d'outils Standard pour l'afficher.

248

Vous pouvez ajouter une ligne ou une colonne à un tableau, lorsque vous souhaitez y faire figurer des informations supplémentaires.

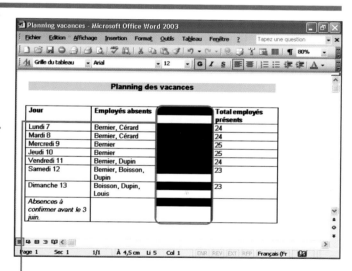

■ Une nouvelle ligne ou colonne apparaît dans le tableau.

■ Pour désélectionner une ligne ou colonne, cliquez hors de la sélection.

Note. Pour insérer une ligne au bas du tableau, cliquez la cellule inférieure droite de ce dernier et appuyez sur Tab *. Pour ajouter une colonne à droite de la dernière colonne, cliquez dans cette dernière, puis cliquez* **Tableau**, **Insérer**, **Colonnes à droite**.

SUPPRIMER UNE LIGNE OU UNE COLONN

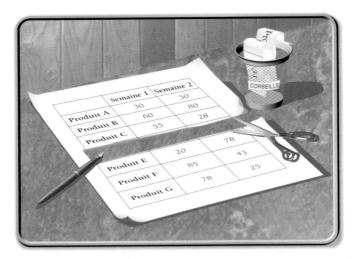

SUPPRIMER UNE LIGNE OU UNE COLONNE

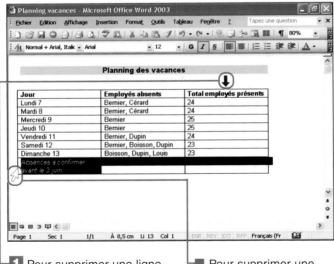

1 Pour supprimer une ligne, sélectionnez-la en plaçant le pointeur I à sa gauche (I devient ⤢) et en cliquant.

■ Pour supprimer une colonne, sélectionnez-la en plaçant le pointeur I au-dessus d'elle (I devient ⬇) et en cliquant.

Vous pouvez supprimer
d'un tableau une ligne ou
une colonne devenue
inutile.

La suppression d'une ligne
ou d'une colonne entraîne
celle du contenu de cette
ligne ou colonne.

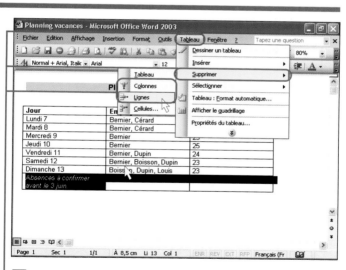

2 Cliquez **Tableau**.

3 Pointez **Supprimer**.

4 Cliquez **Lignes** ou
Colonnes.

■ La ligne ou la colonne
disparaît du tableau.

*Note. Pour supprimer uniquement
le contenu d'une ou plusieurs
cellules, sélectionnez celle(s)-ci
en faisant glisser le pointeur I
dessus, puis appuyez sur Suppr.*

CHANGER LA HAUTEUR DES LIGNES OU LA LARGEUR DES COLONNES

■ **CHANGER LA HAUTEUR OU LA LARGEUR** ■

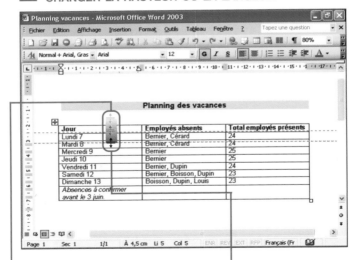

1 Affichez le document en mode Page ou Web. Consultez à cette fin la page 46.

2 Placez le pointeur ⌶ sur le bord inférieur de la ligne ou droit de la colonne à redimensionner (⌶ devient ↨ ou ↔).

3 Faites glisser le bord de la ligne ou de la colonne vers un nouvel endroit.

■ Un trait en pointillé indique la nouvelle position.

Il est possible d'améliorer la présentation d'un tableau en modifiant la largeur des colonnes et la hauteur des lignes.

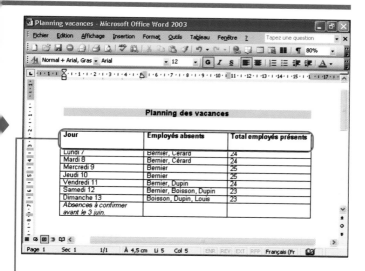

■ La ligne ou la colonne est redimensionnée.

Note. Changer la hauteur d'une ligne modifie la hauteur globale du tableau. Changer la largeur d'une colonne modifie également celle d'une colonne adjacente. Changer la largeur de la dernière colonne modifie la largeur globale du tableau.

DÉPLACER UN TABLEAU

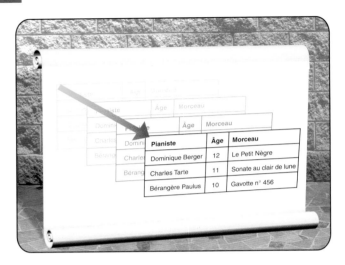

DÉPLACER UN TABLEAU

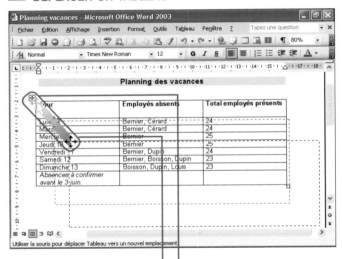

1 Placez le pointeur I sur le tableau à déplacer. Une poignée (⊞) apparaît.

Note. Vous devrez peut-être vous décaler vers la gauche pour voir la poignée.

2 Placez le pointeur I sur la poignée (I devient ⊹).

3 Glissez-déposez le tableau vers un nouvel endroit.

■ Un cadre en pointillé indique le nouvel emplacement.

Vous pouvez déplacer un tableau d'un endroit à un autre au sein d'un document.

Un tableau ne peut être déplacé qu'en modes Page et Web. Pour changer l'affichage d'un document, consultez la page 46.

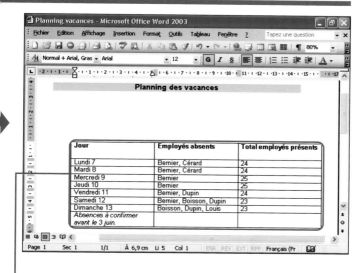

■ Le tableau apparaît au nouvel endroit.

■ Pour copier un tableau, répétez les étapes **1** à **3**, en maintenant cette fois la touche Ctrl enfoncée à l'étape **3**.

REDIMENSIONNER UN TABLEAU

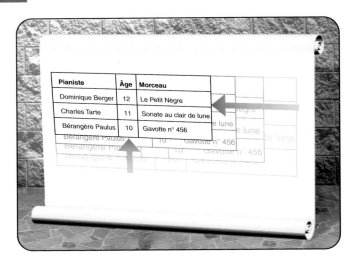

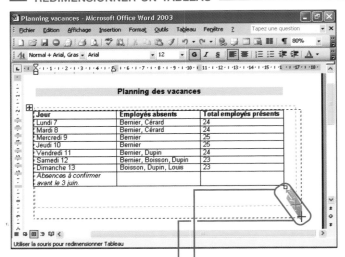

1 Placez le pointeur I sur le tableau à redimensionner. Une poignée (⊞) apparaît.

Note. Vous devrez peut-être vous décaler vers la droite pour voir la poignée.

2 Placez le pointeur I sur la poignée (I devient ↘).

3 Faites glisser la poignée jusqu'à ce que le tableau ait la taille souhaitée.

■ Un cadre en pointillé indique les nouvelles dimensions.

Vous pouvez améliorer la
présentation d'un tableau
en changeant
sa taille.

Un tableau ne peut être
redimensionné qu'en modes
Page et Web. Pour changer
l'affichage d'un document,
consultez la page 46.

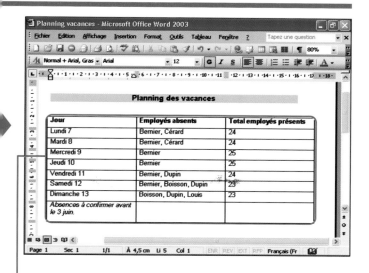

■ Le tableau adopte la
nouvelle taille.

FUSIONNER DES CELLULES

FUSIONNER DES CELLULES

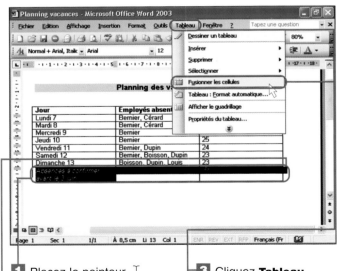

1 Placez le pointeur I sur la première cellule à fusionner avec les autres.

2 Faites glisser le pointeur I jusqu'à avoir mis en surbrillance toutes les cellules à fusionner.

3 Cliquez **Tableau**.

4 Cliquez **Fusionner les cellules**.

Note. Si la commande Fusionner les cellules n'est pas visible, placez le pointeur $\mathsf{\large \lozenge}$ au bas du menu pour afficher toutes les options de ce dernier.

Vous pouvez associer au moins
deux cellules d'un tableau, afin
d'en créer une seule, plus grande.
Cela se révèle utile pour afficher
un titre en haut ou sur le côté
d'un tableau.

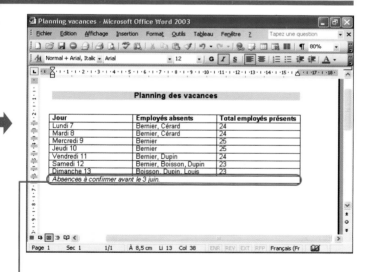

Les cellules
s'associent pour en
créer une plus grande.

Pour désélectionner des
cellules, cliquez hors de la
zone sélectionnée.

ALIGNER DU TEXTE DANS UNE CELLULE

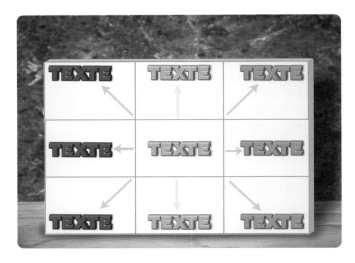

ALIGNER DU TEXTE DANS UNE CELLULE

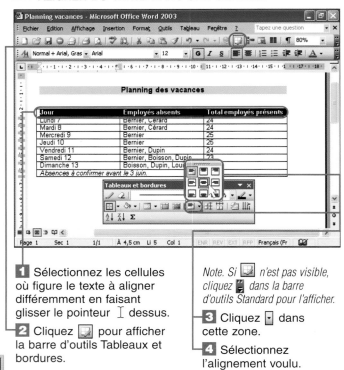

1 Sélectionnez les cellules où figure le texte à aligner différemment en faisant glisser le pointeur ⊥ dessus.

2 Cliquez 🔲 pour afficher la barre d'outils Tableaux et bordures.

Note. Si 🔲 n'est pas visible, cliquez 🔹 dans la barre d'outils Standard pour l'afficher.

3 Cliquez 🔹 dans cette zone.

4 Sélectionnez l'alignement voulu.

Vous pouvez améliorer la
présentation d'un tableau
en modifiant la position du
texte dans chaque cellule.

Word place automatiquement
tout texte saisi dans une
cellule dans l'angle supérieur
gauche de cette dernière.

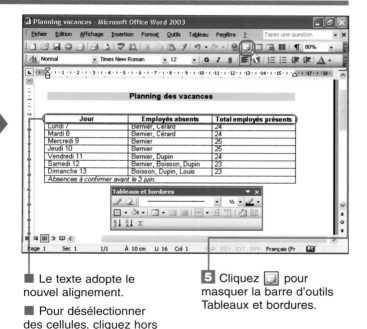

■ Le texte adopte le
nouvel alignement.

■ Pour désélectionner
des cellules, cliquez hors
de la sélection.

5 Cliquez 🖉 pour
masquer la barre d'outils
Tableaux et bordures.

APPLIQUER UNE TRAME DE FOND À DES CELLULES

APPLIQUER UNE TRAME DE FOND À DES CELLULES

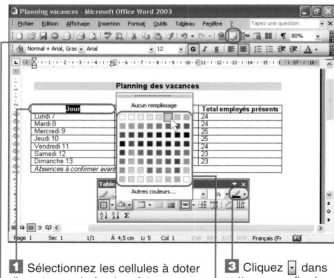

1 Sélectionnez les cellules à doter d'une trame de fond en faisant glisser le pointeur ⊥ dessus.

2 Cliquez 🔲 pour afficher la barre d'outils Tableaux et bordures.

Note. Si 🔲 n'est pas visible, cliquez 🔓 dans la barre d'outils Standard pour l'afficher.

3 Cliquez 🔽 dans cette zone, afin de sélectionner une couleur de trame.

4 Cliquez la teinte souhaitée.

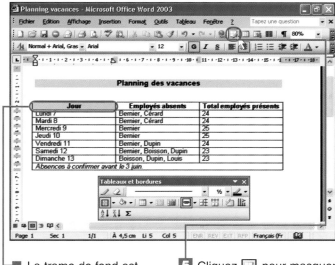

Vous pouvez attirer l'attention sur une partie de votre tableau en appliquant une trame de fond à certaines cellules.

■ La trame de fond est appliquée aux cellules sélectionnées.

■ Pour désélectionner des cellules, cliquez hors de la sélection.

5 Cliquez ▣ pour masquer la barre d'outils Tableaux et bordures.

■ Pour retirer une trame de fond, répétez les étapes **1** à **5**, en cliquant cette fois **Aucun remplissage** à l'étape **4**.

CHANGER LES BORDURES D'UN TABLEAU

■■■ CHANGER LES BORDURES D'UN TABLEAU ■■■

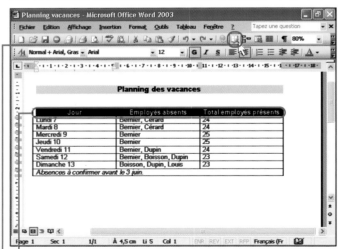

1 Sélectionnez les cellules dont vous souhaitez modifier la bordure en faisant glisser le pointeur ⊺ dessus.

2 Cliquez 🔲 pour afficher la barre d'outils Tableaux et bordures.

Note. Si 🔲 n'est pas visible, cliquez 🗒 dans la barre d'outils Standard pour l'afficher.

■ La barre d'outils Tableaux et bordures apparaît.

Vous pouvez améliorer la
présentation d'un tableau en
changeant ses bordures.

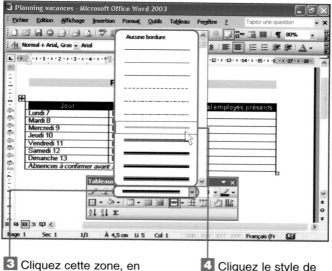

3 Cliquez cette zone, en
vue d'afficher une liste des
styles de traits utilisables
comme bordure.

4 Cliquez le style de
trait souhaité.

CHANGER LES BORDURES D'UN TABLEAU

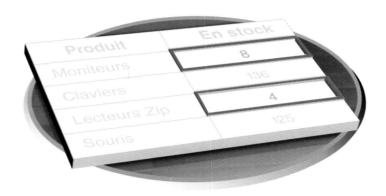

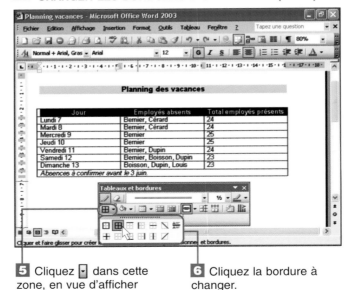

5 Cliquez ⬝ dans cette zone, en vue d'afficher les bordures modifiables.

6 Cliquez la bordure à changer.

Modifier la bordure de cellules
particulières permet de scinder
visuellement votre tableau en
plusieurs parties, mais aussi de
mettre en valeur des informations
importantes.

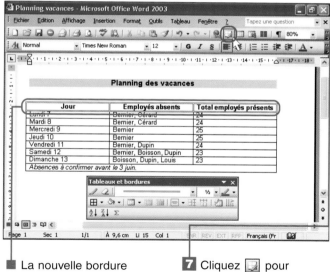

■ La nouvelle bordure
est appliquée aux cellules
sélectionnées.

■ Pour désélectionner
des cellules, cliquez hors
de la sélection.

7 Cliquez 🖉 pour
masquer la barre d'outils
Tableaux et bordures.

CONVERTIR UN TEXTE EN TABLEAU

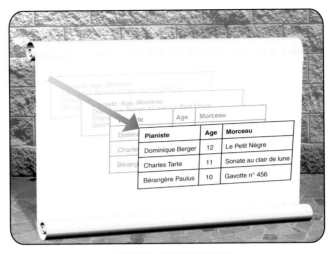

CONVERTIR UN TEXTE EN TABLEAU

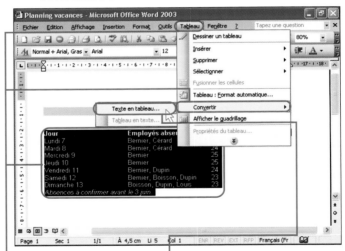

1 Sélectionnez le texte à convertir en tableau. Consultez à cette fin la page 60.

2 Cliquez **Tableau.**

3 Pointez **Convertir.**

Note. Si la commande Convertir n'est pas visible, placez le pointeur au bas du menu pour afficher toutes les options de ce dernier.

4 Cliquez **Texte en tableau**.

■ La boîte de dialogue Convertir un texte en tableau apparaît.

Word permet de convertir aisément un texte en tableau, en vous épargnant une nouvelle saisie fastidieuse.

Grâce à Word, vous pouvez aussi convertir un tableau en texte sans la moindre difficulté.

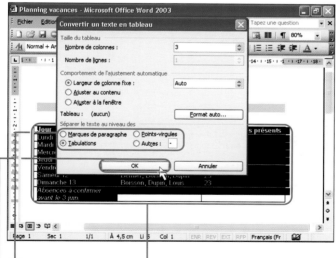

5 Cliquez le caractère que Word devra remplacer par des limites de colonnes.

6 Cliquez **OK** pour effectuer la conversion.

■ Word convertit le texte en tableau.

■ Pour convertir un tableau en texte, cliquez-le, puis répétez les étapes **2** à **4**, en sélectionnant cette fois **Tableau en texte** à l'étape **4**. Dans la boîte de dialogue qui apparaît, faites votre choix et validez-le en cliquant **OK**.

AJOUTER UNE FORME AUTOMATIQUE

AJOUTER UNE FORME AUTOMATIQUE

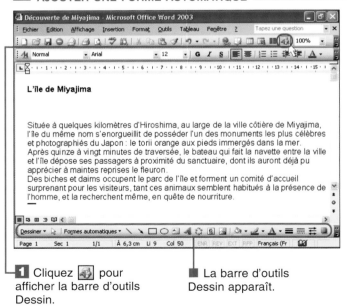

1 Cliquez ⬛ pour afficher la barre d'outils Dessin.

Note. Si ⬛ n'est pas visible, cliquez ⬛ dans la barre d'outils Standard pour l'afficher.

■ La barre d'outils Dessin apparaît.

Word propose beaucoup de formes prédéfinies, appelées formes automatiques, que vous pouvez insérer dans un document.

Word met à votre disposition plusieurs catégories de formes automatiques, comme des lignes, des flèches, des étoiles et des bannières.

Word ne peut faire apparaître une forme automatique qu'en modes Page et Web. Pour changer l'affichage d'un document, consultez la page 46.

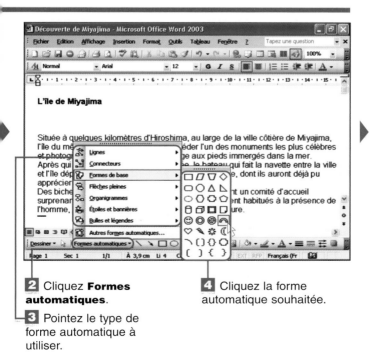

2 Cliquez **Formes automatiques**.

3 Pointez le type de forme automatique à utiliser.

4 Cliquez la forme automatique souhaitée.

AJOUTER UNE FORME AUTOMATIQUE

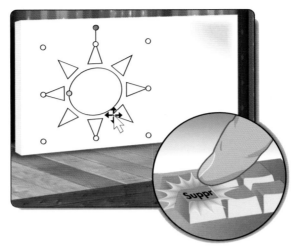

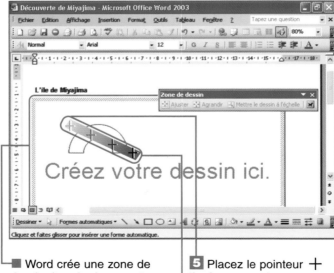

■ Word crée une zone de dessin dans le document. Celle-ci permet d'organiser et de déplacer plusieurs graphismes à la fois.

Note. Pour utiliser une zone de dessin, consultez la page 300.

5 Placez le pointeur + là où vous voulez commencer à tracer la forme automatique.

6 Faites glisser le pointeur + jusqu'à ce que la forme atteigne la taille voulue.

272

Pour supprimer une forme
automatique, cliquez un de
ses bords et appuyez sur Suppr .

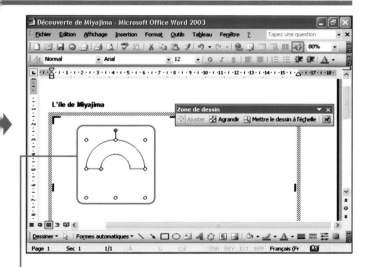

■ La forme automatique apparaît.
Les poignées (o) qui l'entourent
permettent d'en modifier la taille.
Pour déplacer ou redimensionner
une forme automatique, consultez
respectivement la page 292 ou 294.

■ Pour désélectionner une forme
automatique, cliquez hors de cette
dernière.

■ Pour masquer la
zone de dessin,
cliquez hors de celle-ci
ou appuyez sur Echap .

*Note. Pour masquer la barre
d'outils Dessin, répétez
l'étape 1.*

AJOUTER UN TEXTE WORDART

■■■ AJOUTER UN TEXTE WORDART ■■■

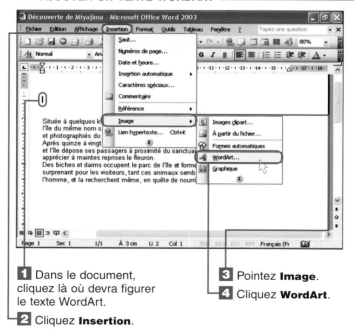

1 Dans le document, cliquez là où devra figurer le texte WordArt.

2 Cliquez **Insertion**.

3 Pointez **Image**.

4 Cliquez **WordArt**.

Intégrer un texte WordArt à un document permet de créer des titres très esthétiques ou d'attirer l'attention sur des informations importantes.

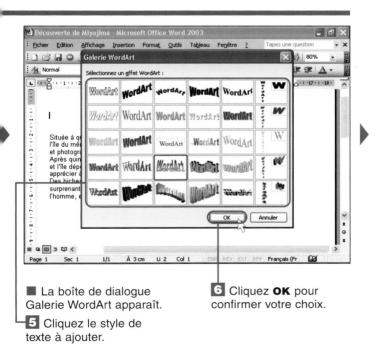

■ La boîte de dialogue Galerie WordArt apparaît.

5 Cliquez le style de texte à ajouter.

6 Cliquez **OK** pour confirmer votre choix.

AJOUTER UN TEXTE WORDART

AJOUTER UN TEXTE WORDART (SUITE)

■ La boîte de dialogue Modification du texte WordArt apparaît.

7 Saisissez le texte à afficher en tant qu'objet WordArt.

8 Cliquez **OK** pour ajouter le texte WordArt dans le document.

Cliquer un texte WordArt affiche la barre d'outils WordArt. Celle-ci propose des boutons qui permettent de changer l'apparence de l'objet WordArt. Vous pouvez ainsi cliquer [Aa] pour affecter la même hauteur à toutes les lettres du texte WordArt.

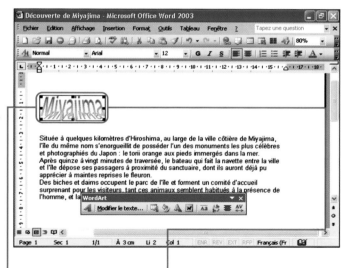

■ Le texte WordArt apparaît dans le document.

Note. Pour déplacer ou dimensionner un objet WordArt, consultez respectivement la page 292 ou 294.

SUPPRIMER UN TEXTE WORDART

1 Cliquez le texte WordArt à supprimer. Des poignées (■) apparaissent autour de lui.

2 Appuyez sur Suppr.

AJOUTER UNE ZONE DE TEXTE

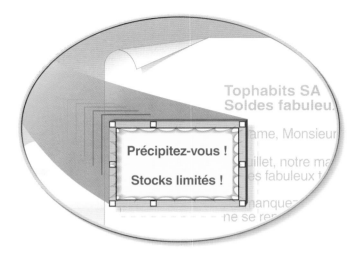

▬ AJOUTER UNE ZONE DE TEXTE ▬

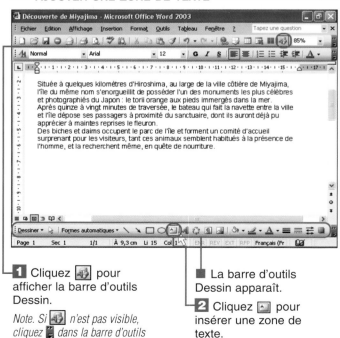

1 Cliquez [icône] pour afficher la barre d'outils Dessin.

Note. Si [icône] n'est pas visible, cliquez [icône] dans la barre d'outils Standard pour l'afficher.

■ La barre d'outils Dessin apparaît.

2 Cliquez [icône] pour insérer une zone de texte.

Vous pouvez ajouter une zone de texte dans un document, afin de contrôler précisément la position d'un texte, par exemple.

Word ne peut faire apparaître une zone de texte qu'en modes Page et Web. Pour changer l'affichage d'un document, consultez la page 46.

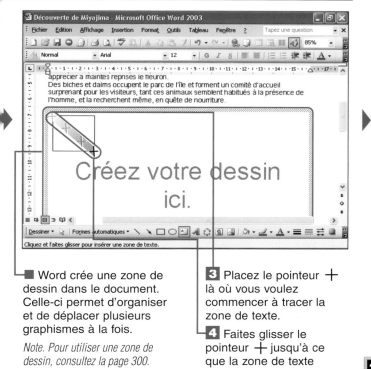

■ Word crée une zone de dessin dans le document. Celle-ci permet d'organiser et de déplacer plusieurs graphismes à la fois.

Note. Pour utiliser une zone de dessin, consultez la page 300.

3 Placez le pointeur + là où vous voulez commencer à tracer la zone de texte.

4 Faites glisser le pointeur + jusqu'à ce que la zone de texte atteigne la taille voulue.

AJOUTER UNE ZONE DE TEXTE

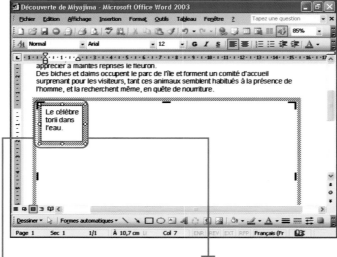

■ La zone de texte apparaît. Les poignées (o) qui l'entourent permettent de modifier sa taille. Pour déplacer ou redimensionner une zone de texte, consultez respectivement la page 292 ou 294.

5 Saisissez le texte à faire figurer dans la zone.

Pour modifier le texte, cliquez la zone de texte et modifiez-le comme n'importe quel autre texte au sein du document. Consultez à cette fin la page 64. Une fois les changements apportés, cliquez hors de la zone de texte.

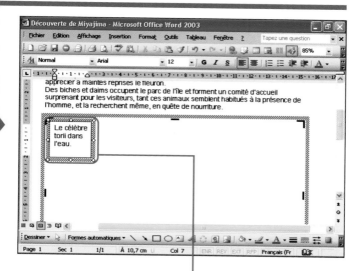

■ Pour désélectionner une zone de texte, cliquez hors de cette dernière.

■ Pour masquer la zone de dessin, cliquez hors de celle-ci ou appuyez sur Echap.

Note. Pour masquer la barre d'outils Dessin, répétez l'étape 1.

SUPPRIMER UNE ZONE
DE TEXTE

1 Cliquez un bord de la zone de texte à supprimer. Des poignées (o) apparaissent autour d'elle.

2 Appuyez sur Suppr.

AJOUTER UNE IMAGE

■■■ AJOUTER UNE IMAGE ■■■

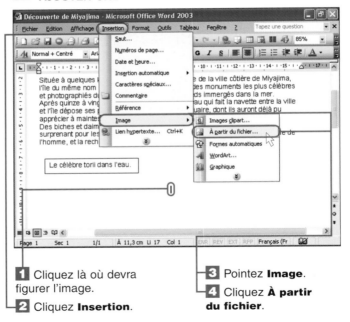

1 Cliquez là où devra figurer l'image.

2 Cliquez **Insertion**.

3 Pointez **Image**.

4 Cliquez **À partir du fichier**.

Vous pouvez illustrer un concept ou améliorer l'apparence d'un document en enrichissant celui-ci d'une image.

Word ne peut faire apparaître une image qu'en modes Page et Web. Pour changer l'affichage d'un document, consultez la page 46.

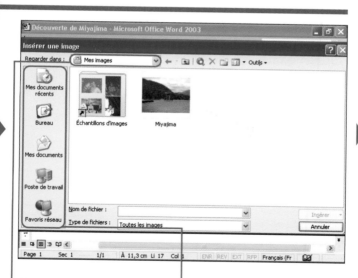

■ La boîte de dialogue Insérer une image apparaît.

■ Cette zone indique l'emplacement des fichiers affichés. Vous pouvez la cliquer pour changer d'endroit.

■ Cette zone permet d'accéder à des zones de stockage fréquemment utilisées. Pour afficher le contenu de l'une d'entre elles, cliquez-la.

Note. Pour plus d'informations sur les dossiers couramment employés, consultez le haut de la page 38.

AJOUTER UNE IMAGE

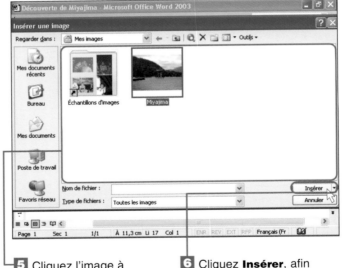

5 Cliquez l'image à insérer dans le document.

6 Cliquez **Insérer**, afin d'ajouter l'image au document.

Vous pouvez acheter des collections d'images chez des revendeurs informatiques ou obtenir des illustrations sur l'Internet. Rien ne vous empêche non plus de numériser des images sur votre ordinateur par l'intermédiaire d'un scanner, ni de créer vos propres illustrations avec un logiciel de retouche d'images, comme Paint Shop Pro.

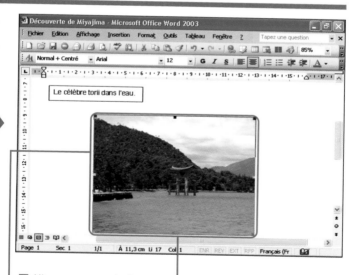

■ L'image apparaît dans le document.

Note. Pour déplacer ou redimensionner une image, consultez respectivement la page 292 ou 294.

SUPPRIMER UNE IMAGE

1 Cliquez l'image à supprimer. Des poignées (■) apparaissent autour d'elle.

2 Appuyez sur Suppr pour supprimer l'image.

AJOUTER UNE IMAGE CLIPART

AJOUTER UNE IMAGE CLIPART

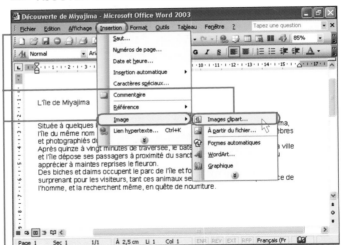

1 Cliquez **Insertion**.

2 Pointez **Image**.

3 Cliquez **Images clipart**.

*Note. La première fois que vous ajoutez une image clipart dans un document, la boîte de dialogue Ajout de clips dans la Bibliothèque multimédia apparaît. Cliquez **Maintenant**, afin de cataloguer sur-le-champ les fichiers graphiques, audio et vidéo présents sur votre ordinateur.*

Word contient des images clipart créées par des professionnels, que vous pouvez intégrer dans vos documents. Ces graphismes permettent notamment d'illustrer des concepts et de renforcer l'intérêt d'un document.

Il peut s'agir d'un fichier ou d'un programme que vous y aviez ajouté, par exemple, mais que vous n'utilisez plus.

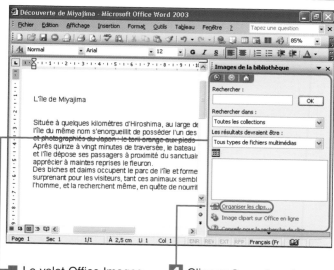

■ Le volet Office Images de la bibliothèque apparaît.

4 Cliquez **Organiser les clips**, afin de visualiser les fichiers graphiques, audio et vidéo stockés dans la Bibliothèque multimédia.

■ La boîte de dialogue Bibliothèque multimédia Microsoft apparaît.

AJOUTER UNE IMAGE CLIPART

Mes collections

Réunit les fichiers multimédias spécifiés comme favoris, ainsi que ceux fournis avec Microsoft Windows.

Collections Office

Regroupe les fichiers multimédias inclus dans Microsoft Office.

━━ AJOUTER UNE IMAGE CLIPART (SUITE) ━━

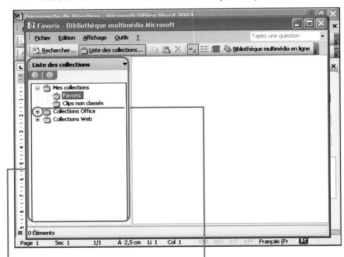

━ Cette zone répertorie les dossiers qui renferment des fichiers graphiques, audio et vidéo intégrables au document.

━ Un dossier précédé d'un signe plus (⊞) renferme des dossiers masqués.

5 Pour afficher les dossiers masqués au sein d'un autre, cliquez le signe plus (⊞) devant le dossier parent (⊞ devient ⊟).

Note. Le contenu du dossier Collections Web n'est visible que si vous êtes connecté à l'Internet.

Collections Web

Réunit les fichiers multimédias proposés sur le site Web de Microsoft et de sociétés en partenariat avec Microsoft.

La Bibliothèque multimédia classe les fichiers multimédias en trois grands dossiers.

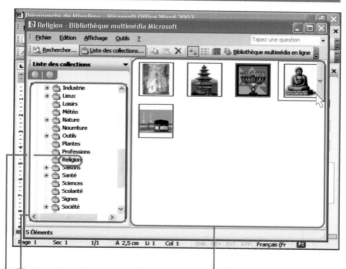

■ Les dossiers masqués apparaissent.

Note. Pour masquer de nouveau les dossiers au sein d'un autre, cliquez le signe moins (□) devant le dossier parent.

6 Cliquez le dossier dont vous voulez visualiser le contenu.

■ Cette zone affiche le contenu du dossier sélectionné.

7 Cliquez l'image à ajouter dans le document.

AJOUTER UNE IMAGE CLIPART

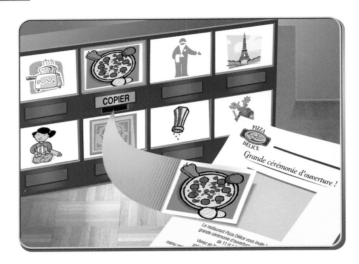

■ AJOUTER UNE IMAGE CLIPART (SUITE) ■

8 Cliquez 🗐 pour copier l'image sélectionnée.

9 Cliquez ✖ pour fermer la fenêtre Bibliothèque multimédia Microsoft.

■ Un message s'affiche, informant que le Presse-papiers renferme une ou plusieurs images clipart.

Note. Le Presse-papiers stocke temporairement les informations coupées et copiées.

10 Cliquez **Oui**.

Après avoir trouvé l'image voulue dans la Bibliothèque multimédia, vous pouvez la copier et l'insérer dans votre document.

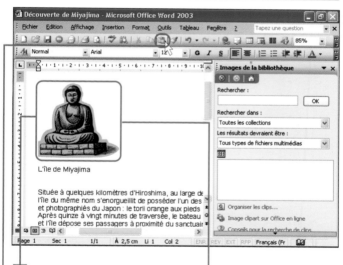

11 Dans le document, cliquez là où devra figurer l'image.

12 Cliquez 🔳 pour coller l'image dans le document.

■ L'image clipart apparaît dans le document.

Note. Pour déplacer ou redimensionner une image, consultez respectivement la page 292 ou 294.

DÉPLACER UN GRAPHISME

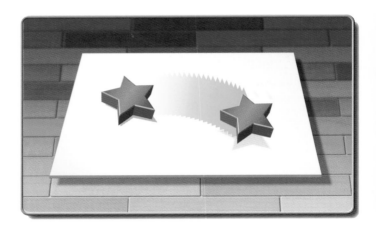

■■■ DÉPLACER UN GRAPHISME ■■■

1 Cliquez le graphisme à déplacer. Des poignées (o ou ■) apparaissent autour de lui.

2 Faites glisser l'élément vers sa nouvelle destination.

Vous pouvez changer
l'emplacement d'un graphisme
au sein d'un document.

Word ne peut faire apparaître
tous les types de graphismes
qu'en modes Page et Web.
Pour changer l'affichage d'un
document, consultez la page 46.

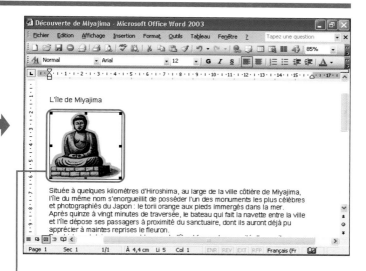

■ Le graphisme apparaît
au nouvel endroit.

■ Pour désélectionner le
graphisme, cliquez hors de
ce dernier.

REDIMENSIONNER UN GRAPHISME

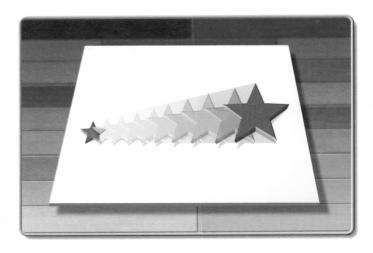

REDIMENSIONNER UN GRAPHISME

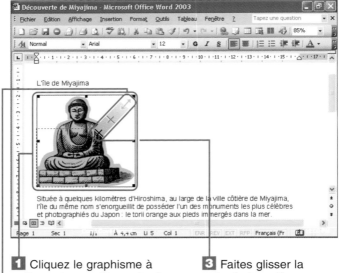

1 Cliquez le graphisme à redimensionner. Des poignées (o ou ■) apparaissent autour de lui.

2 Placez le pointeur I sur l'une des poignées (I devient ↔, ↕, ↗ or ↘).

3 Faites glisser la poignée jusqu'à ce que le graphisme atteigne la taille voulue.

Vous pouvez changer la
taille d'un graphisme
inclus dans un document.

Word ne peut faire apparaître
tous les types de graphismes
qu'en modes Page et Web.
Pour changer l'affichage d'un
document, consultez la page 46.

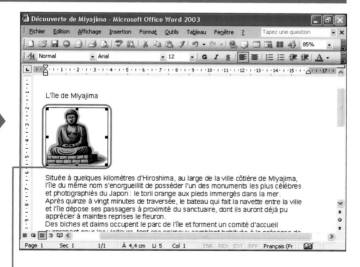

■ Le graphisme adopte
les nouvelles dimensions.

■ Pour désélectionner le
graphisme, cliquez hors de
ce dernier.

CHANGER LA COULEUR D'UN GRAPHISME

CHANGER LA COULEUR D'UN GRAPHISME

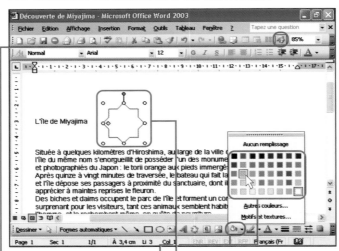

1 Cliquez 🔳 pour afficher la barre d'outils Dessin.

Note. Si 🔳 n'est pas visible, cliquez 🔳 dans la barre d'outils Standard pour l'afficher.

2 Cliquez le graphisme à changer de couleur. Des poignées (o ou ■) apparaissent autour de lui.

3 Cliquez 🔳 dans cette zone, en vue d'afficher les teintes disponibles.

4 Cliquez la couleur souhaitée.

Vous pouvez modifier la teinte d'un graphisme dans un document.

Il n'est pas possible de changer la couleur de toutes les images personnelles et clipart.

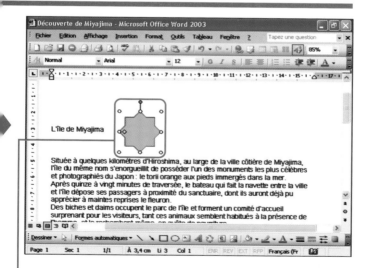

■ Le graphisme sélectionné adopte la nouvelle teinte.

■ Pour désélectionner un graphisme, cliquez hors de ce dernier.

Note. Pour masquer la barre d'outils Dessin, répétez l'étape 1.

FAIRE PIVOTER UN GRAPHISME

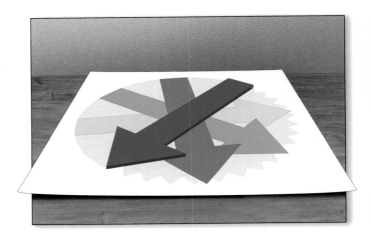

■■■ FAIRE PIVOTER UN GRAPHISME ■■■

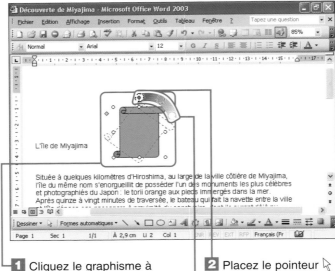

1 Cliquez le graphisme à faire pivoter. Des poignées (o) apparaissent autour de lui.

Note. Si des poignées ■ apparaissent autour du graphisme, celui-ci ne peut subir aucune rotation.

2 Placez le pointeur ⇖ sur la poignée verte (⇖ devient ↻).

3 Faites glisser le pointeur ↻ dans le sens de rotation souhaité.

Il est possible de faire
pivoter un graphisme
situé dans un document.

Les zones de texte et
certaines formes
automatiques ne peuvent
subir aucune rotation.

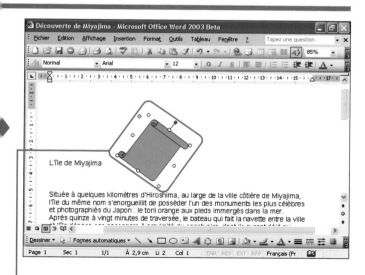

■ Le graphisme adopte
une nouvelle orientation.

■ Pour désélectionner
un graphisme, cliquez
hors de ce dernier.

CRÉER UNE ZONE DE DESSIN

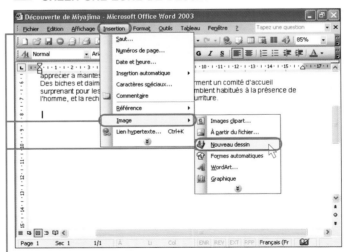

CRÉER UNE ZONE DE DESSIN

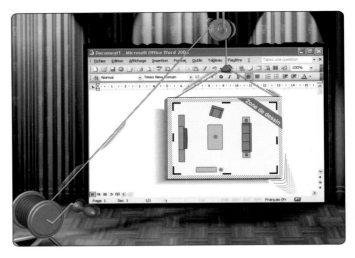

1 Cliquez **Insertion**.

2 Pointez **Image**.

3 Cliquez **Nouveau dessin**.

Note. Si la commande Nouveau dessin n'est pas visible, placez le pointeur ⬡ au bas du menu pour afficher toutes les options de ce dernier.

Vous pouvez ajouter une zone de dessin dans un document. Cela vous permettra d'organiser ou de déplacer plusieurs graphismes simultanément.

Word ne peut faire apparaître une zone de dessin qu'en modes Pages et Web. Pour changer l'affichage d'un document, consultez la page 46.

Word crée automatiquement une zone de dessin dès que vous ajoutez certains types de graphismes à un document, comme des formes automatiques ou des zones de texte.

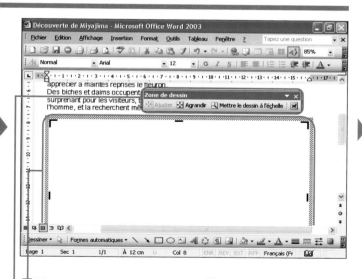

■ Une zone de dessin apparaît.

■ La barre d'outils Zone de dessin s'affiche également.

*Note. Si la barre d'outils Zone de dessin ne s'affiche pas, cliquez la zone de dessin du bouton droit et sélectionnez **Afficher la barre d'outils Zone de dessin**.*

■ Vous pouvez insérer dans la zone de dessin divers graphismes, comme une forme automatique, une zone de texte ou une image.

■ Pour désélectionner la zone de dessin, cliquez hors de cette dernière ou appuyez sur Echap.

CRÉER UNE ZONE DE DESSIN

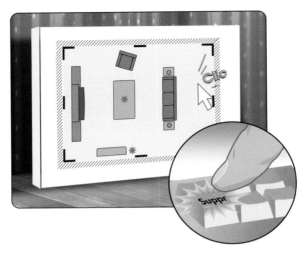

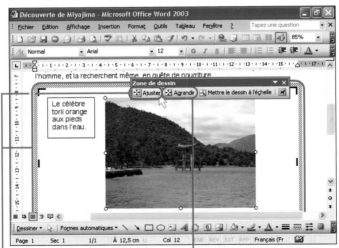

REDIMENSIONNER UNE ZONE
DE DESSIN

1 Cliquez dans la zone de dessin à redimensionner.

2 Cliquez **Ajuster**, afin d'adapter exactement la taille de la zone de dessin à celle des graphismes qu'elle renferme.

Note. Le bouton Ajuster est disponible uniquement si la zone de dessin contient plusieurs graphismes.

■ Si vous préférez agrandir la zone de dessin, cliquez **Agrandir** jusqu'à obtenir la taille souhaitée.

Pour supprimer une zone de dessin, cliquez une partie vide de celle-ci et appuyez sur Suppr . La suppression d'une zone de dessin entraîne celle de tous les graphismes qui y figurent. Pour conserver ceux-ci, vous devez au préalable les déplacer hors de la zone de dessin. Pour changer la position d'un graphisme, consultez la page 292.

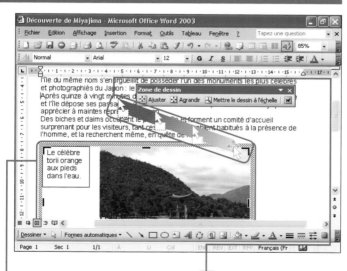

DÉPLACER UNE ZONE DE DESSIN

■1 Cliquez dans la zone de dessin à déplacer.

■2 Placez le pointeur ⟨ sur la bordure de la zone (⟨ devient ✛).

■3 Glissez-déposez la zone de dessin vers l'endroit souhaité.

Note. La zone de dessin apparaîtra là où figure le point d'insertion en pointillé à l'écran.

HABILLER DU TEXTE AUTOUR D'UN GRAPHISME

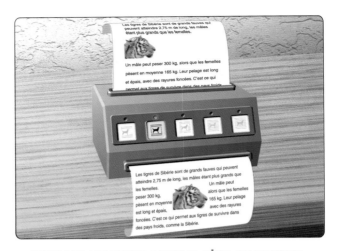

■■■ HABILLER DU TEXTE AUTOUR D'UN GRAPHISME ■■■

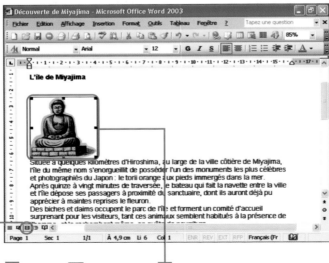

1 Cliquez 🔲 pour afficher le document en mode Page.

2 Cliquez le graphisme autour duquel vous voulez habiller du texte. Des poignées (o ou ■) apparaissent autour de lui.

Après avoir ajouté un graphisme à un document, vous pouvez déterminer la disposition du texte autour de cet élément.

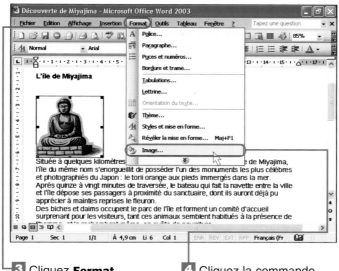

3 Cliquez **Format**.

4 Cliquez la commande correspondant au type de graphisme sélectionné, comme **Forme automatique**, **Image** ou **WordArt**.

■ La boîte de dialogue Format apparaît.

HABILLER DU TEXTE AUTOUR D'UN GRAPHISME

Gauche

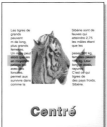

Centré

Droite

5 Cliquez l'onglet **Habillage**.

6 Cliquez la façon dont vous désirez que le texte se place autour du graphisme.

7 Cliquez la position du graphisme par rapport au texte.

8 Cliquez **OK** pour valider vos choix.

Word peut aligner un graphisme à gauche, au centre ou à droite d'un texte.

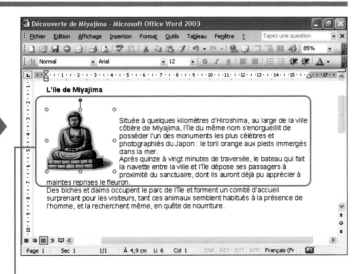

■ Le texte s'inscrit autour du graphisme.

■ Pour désélectionner un graphisme, cliquez hors de ce dernier.

PASSER D'UN DOCUMENT À UN AUTRE

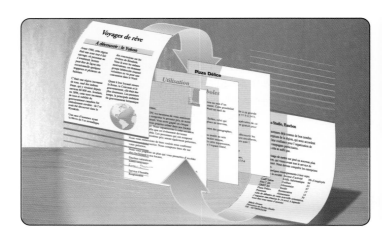

PASSER D'UN DOCUMENT À UN AUTRE

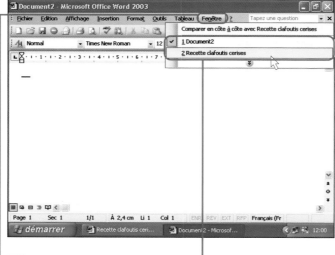

1 Cliquez **Fenêtre**, en vue d'afficher la liste de tous les documents ouverts.

2 Cliquez le nom du document auquel vous voulez accéder.

Word permet d'ouvrir plusieurs
documents simultanément.
Vous pouvez ensuite passer
facilement de l'un à l'autre.

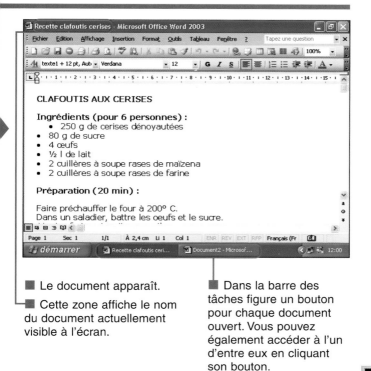

■ Le document apparaît.

■ Cette zone affiche le nom
du document actuellement
visible à l'écran.

■ Dans la barre des
tâches figure un bouton
pour chaque document
ouvert. Vous pouvez
également accéder à l'un
d'entre eux en cliquant
son bouton.

ORGANISER DES DOCUMENTS OUVERTS

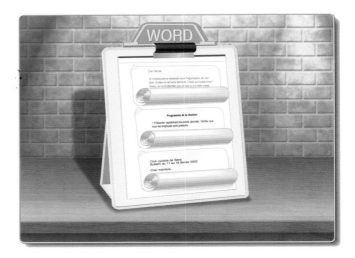

ORGANISER DES DOCUMENTS OUVERTS

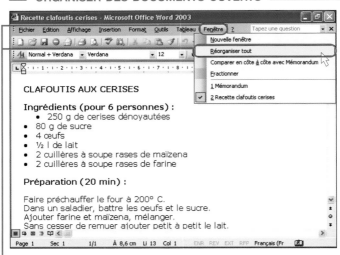

1 Cliquez **Fenêtre**.

2 Cliquez
Réorganiser tout.

Note. Si la commande Réorganiser tout n'est pas visible, placez le pointeur ⟡ au bas du menu pour afficher toutes les options de ce dernier.

■ Les documents sont élégamment redisposés.

Lorsque plusieurs documents sont ouverts, certains se retrouvent parfois masqués. Vous pouvez cependant afficher le contenu de tous de façon simultanée.

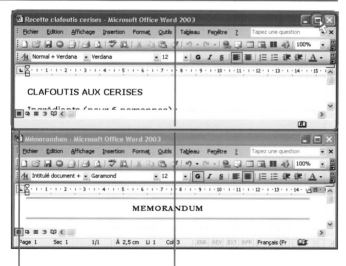

■ Il n'est possible de travailler que dans un seul document à la fois. Celui qui est actif comporte une barre de titre bleue.

■ Pour activer un autre document, cliquez n'importe où dans ce dernier.

3 Pour agrandir le document actif à la taille de l'écran, cliquez ▢.

CRÉER UN MODÈLE

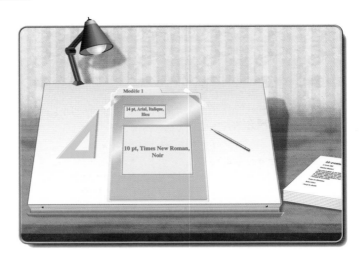

■ CRÉER UN MODÈLE ■

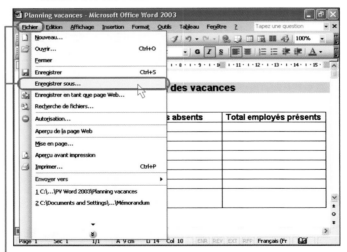

1 Ouvrez le document sur lequel vous voulez fonder le modèle. Consultez à cette fin la page 40.

2 Cliquez **Fichier**.

3 Cliquez **Enregistrer sous**.

■ La boîte de dialogue Enregistrer sous apparaît.

Vous pouvez créer un modèle à partir de n'importe quel document, puis y recourir pour produire d'autres documents contenant des graphismes, du texte, une mise en forme et une mise en page identiques.

Un modèle fournit la structure de base d'un document. Il peut spécifier des paramètres de mise en forme, comme l'alignement du texte, l'interlignage et des bordures. Un modèle peut aussi renfermer des informations de mise en page, comme la taille des marges ou l'orientation de la page.

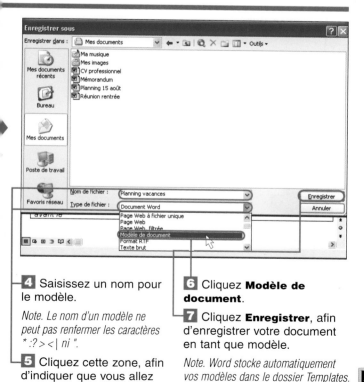

4 Saisissez un nom pour le modèle.

Note. Le nom d'un modèle ne peut pas renfermer les caractères `* :? >< | ni "`.

5 Cliquez cette zone, afin d'indiquer que vous allez enregistrer un modèle.

6 Cliquez **Modèle de document**.

7 Cliquez **Enregistrer**, afin d'enregistrer votre document en tant que modèle.

Note. Word stocke automatiquement vos modèles dans le dossier Templates.

TRIER DU TEXTE

■■■ TRIER DU TEXTE ■■■

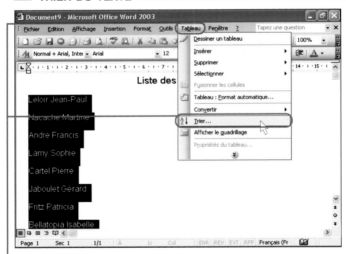

Note. Chaque élément à trier doit être placé dans un paragraphe distinct.

1 Sélectionnez le texte à trier. Consultez à cette fin la page 60.

2 Cliquez **Tableau**.

3 Cliquez **Trier**.

Note. Si la commande Trier n'est pas visible, placez le pointeur au bas du menu pour afficher toutes les options de ce dernier.

Si vous avez saisi une liste d'éléments à classer par ordre alphabétique, Word peut se charger du tri à votre place.

Il peut s'agir d'un fichier ou d'un programme que vous y aviez ajouté, par exemple, mais que vous n'utilisez plus.

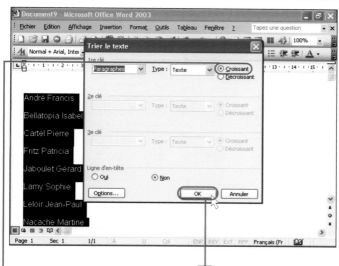

■ La boîte de dialogue Trier le texte apparaît.

4 Cliquez **Croissant**, afin de trier le texte dans l'ordre alphabétique (○ devient ⊙).

5 Cliquez **OK** pour trier le texte.

■ Le texte est trié dans l'ordre alphabétique.

■ Pour désélectionner du texte, cliquez hors de la sélection.

ENREGISTRER UNE MACRO

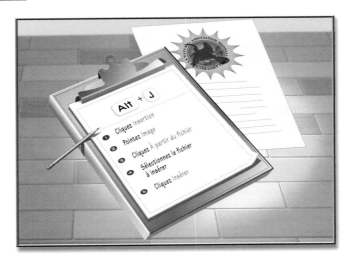

■■■ ENREGISTRER UNE MACRO ■

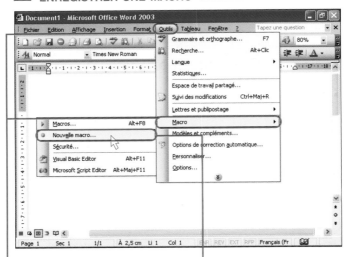

1 Cliquez **Outils**.

2 Pointez **Macro**.

Note. Si la commande Macro n'est pas visible, placez le pointeur ⌖ au bas du menu pour afficher toutes les options de ce dernier.

3 Cliquez **Nouvelle macro**.

■ La boîte de dialogue Enregistrer une macro apparaît.

Une macro permet de gagner du temps en regroupant plusieurs commandes en une seule. Les macros conviennent parfaitement aux tâches répétitives.

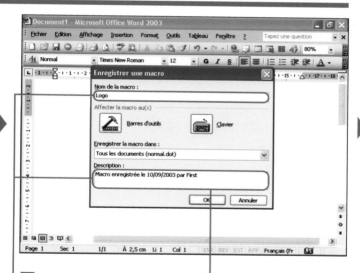

4 Saisissez le nom à donner à la macro.

Note. Les noms de macros doivent commencer par une lettre et ne peuvent pas renfermer d'espace.

■ Word décrit la macro en indiquant la date et votre nom.

5 Pour entrer une autre description, sélectionnez le texte existant en faisant glisser le pointeur I dessus, puis saisissez une nouvelle description.

ENREGISTRER UNE MACRO

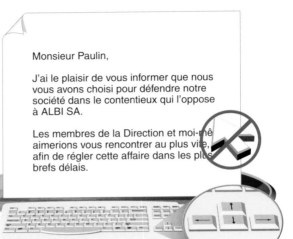

Monsieur Paulin,

J'ai le plaisir de vous informer que nous vous avons choisi pour défendre notre société dans le contentieux qui l'oppose à ALBI SA.

Les membres de la Direction et moi-même aimerions vous rencontrer au plus vite, afin de régler cette affaire dans les plus brefs délais.

ENREGISTRER UNE MACRO (SUITE)

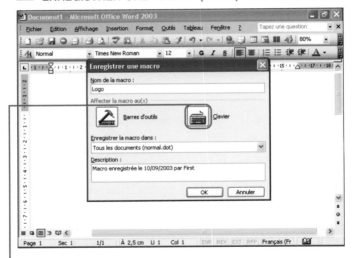

6 Cliquez **Clavier**, afin d'attribuer un raccourci clavier à la macro.

■ La boîte de dialogue Personnaliser le clavier apparaît.

Pendant l'enregistrement d'une macro, vous ne pouvez recourir à la souris que pour cliquer des boutons de barres d'outils ou des commandes de menus. Il est impossible de s'en servir pour déplacer le point d'insertion ou sélectionner du texte.

Pour déplacer le point d'insertion depuis le clavier, servez-vous des touches ↑, ↓, ←, → et Maj.

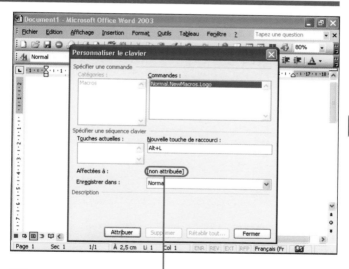

7 Pour associer un raccourci clavier à la macro, maintenez enfoncée la touche Alt et appuyez sur une touche dotée d'une lettre ou d'un numéro.

■ Dans cette zone figurent les mots [non attribuée].

Note. Si les mots [non attribuée] ne s'affichent pas, le raccourci clavier que vous venez de taper est déjà associé à une autre commande. Appuyez sur ←Retour arrière pour le supprimer, puis répétez l'étape 7, en changeant de lettre ou de chiffre.

ENREGISTRER UNE MACRO

ENREGISTRER UNE MACRO (SUITE)

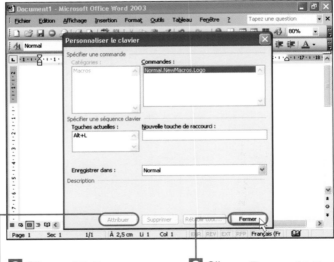

8 Cliquez **Attribuer**, en vue d'associer le raccourci clavier à la macro.

9 Cliquez **Fermer** pour poursuivre.

Pour pouvoir exécuter votre macro plus rapidement par la suite, vous pouvez lui associer un raccourci clavier, comme `Alt` + `J`.

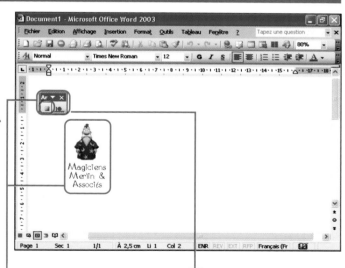

■ La barre d'outils Arrêter l'enregistrement apparaît.

10 Effectuez les opérations à enregistrer dans la macro.

■ Ici, nous insérons dans le document le logo d'une société.

11 Après avoir réalisé toutes les étapes à inclure dans la macro, cliquez 🔲.

■ Vous pouvez désormais exécuter la macro. Consultez à cette fin la page 322.

EXÉCUTER UNE MACRO

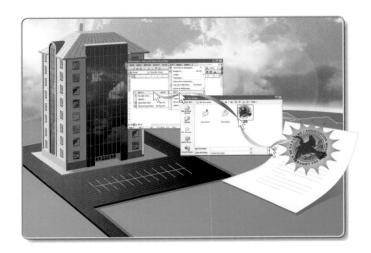

EXÉCUTER UNE MACRO

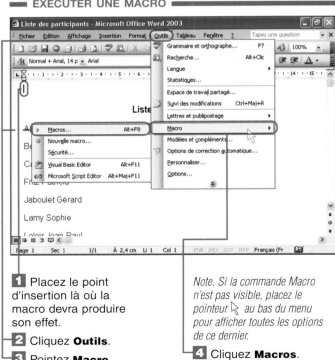

1 Placez le point d'insertion là où la macro devra produire son effet.

2 Cliquez **Outils**.

3 Pointez **Macro**.

Note. Si la commande Macro n'est pas visible, placez le pointeur ⬉ au bas du menu pour afficher toutes les options de ce dernier.

4 Cliquez **Macros**.

Lorsque vous exécutez une macro, Word réalise automatiquement les opérations préalablement enregistrées.

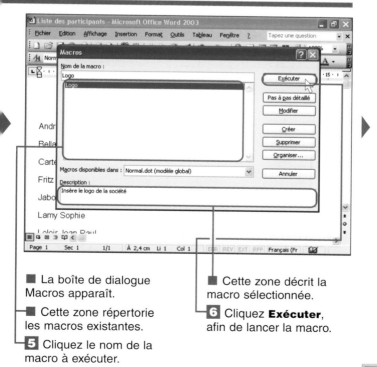

■ La boîte de dialogue Macros apparaît.

■ Cette zone répertorie les macros existantes.

5 Cliquez le nom de la macro à exécuter.

■ Cette zone décrit la macro sélectionnée.

6 Cliquez **Exécuter**, afin de lancer la macro.

EXÉCUTER UNE MACRO

EXÉCUTER UNE MACRO (SUITE)

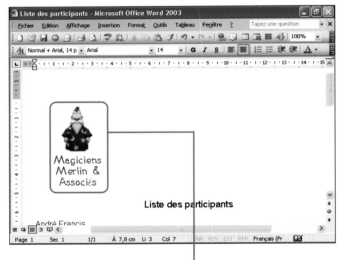

■ La macro exécute les actions précédemment enregistrées.

■ Ici, la macro a inséré dans le document un logo de société.

324

Une fois enregistrée, une macro peut être exécutée dans n'importe quel document Word.

■■■ EXÉCUTER UNE MACRO À PARTIR DU CLAVIER ■■■

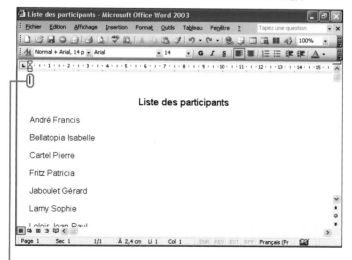

1 Placez le point d'insertion là où la macro devra produire son effet.

2 Tapez le raccourci clavier associé à la macro.

■ La macro exécute les actions préalablement enregistrées.

CRÉER DES LETTRES POUR UN ENVOI GROUPÉ

CRÉER DES LETTRES GRÂCE AU PUBLIPOSTAGE

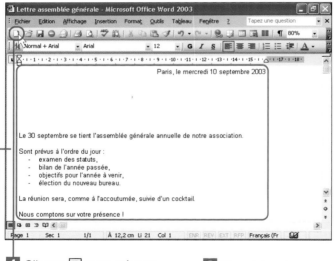

1 Cliquez 🔲 pour créer un nouveau document.

2 Saisissez la lettre à envoyer à toutes les personnes de la liste de diffusion. Omettez les informations qui changeront dans chaque courrier, comme le nom et l'adresse du destinataire.

3 Enregistrez la lettre. Consultez à cette fin la page 36.

Note. Vous pouvez également utiliser comme lettre un document existant. Pour ouvrir un document, consultez la page 40.

Vous pouvez recourir à la fonction
Publipostage pour envoyer des lettres
personnalisées à toutes les personnes
d'une liste d'un envoi groupé.

Le publipostage se révèle utile si vous
voulez envoyer le même document, tel
qu'une annonce ou une publicité, à un
grand nombre de destinataires.

L'assistant Fusion et publipostage
vous guide pas à pas tout au long
de la procédure.

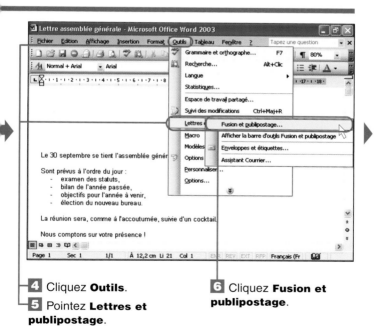

4 Cliquez **Outils**.

5 Pointez **Lettres et
publipostage**.

6 Cliquez **Fusion et
publipostage**.

CRÉER DES LETTRES POUR UN ENVOI GROUPÉ

Messages électroniques

Crée un message électronique pour chaque membre d'une liste d'envoi groupé.

Enveloppes

Crée une enveloppe pour chaque membre d'une liste d'envoi groupé.

CRÉER DES LETTRES GRÂCE AU PUBLIPOSTAGE (SUITE)

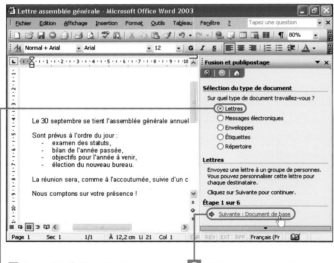

■ Le volet Office Fusion et publipostage apparaît.

7 Cliquez **Lettres**, afin de créer une lettre pour chaque membre de votre liste d'envoi groupé (○ devient ⦿).

8 Cliquez **Suivante : Document de base** pour continuer.

Étiquettes

Crée une étiquette pour chaque membre d'une liste d'envoi groupé.

Catalogue

Crée un document qui renferme des informations sur chaque membre d'une liste d'envoi groupé.

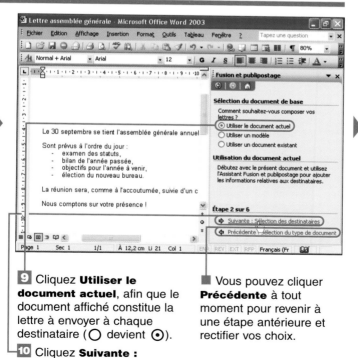

9 Cliquez **Utiliser le document actuel**, afin que le document affiché constitue la lettre à envoyer à chaque destinataire (○ devient ⊙).

10 Cliquez **Suivante : Sélection des destinataires** pour continuer.

■ Vous pouvez cliquer **Précédente** à tout moment pour revenir à une étape antérieure et rectifier vos choix.

CRÉER DES LETTRES POUR UN ENVOI GROUPÉ

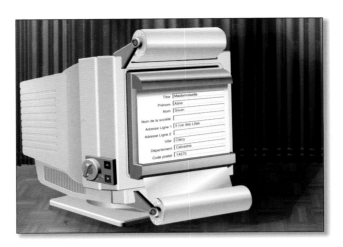

━━━ CRÉER DES LETTRES GRÂCE AU PUBLIPOSTAGE (SUITE) ■

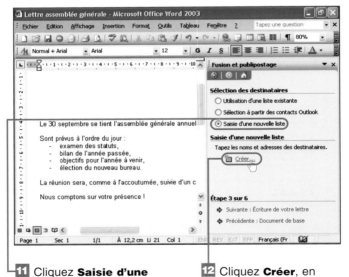

11 Cliquez **Saisie d'une nouvelle liste**, afin de créer une liste de diffusion (○ devient ⊙).

12 Cliquez **Créer**, en vue d'entrer les noms et adresses des destinataires.

Vous pouvez spécifier les coordonnées de chaque membre de votre liste d'envoi groupé.

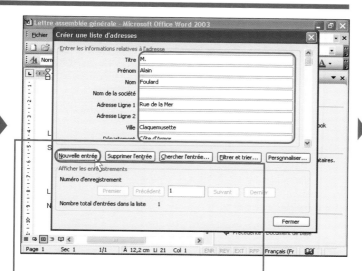

■ La boîte de dialogue Créer une liste d'adresses apparaît. Elle propose des zones réservées à la saisie d'informations relatives à chaque membre de la liste.

13 Cliquez chaque zone et tapez les données requises pour une personne. Vous n'êtes pas obligé de renseigner tous les champs.

14 Pour fournir des informations au sujet d'une autre personne, cliquez **Nouvelle entrée**.

CRÉER DES LETTRES POUR UN ENVOI GROUPÉ

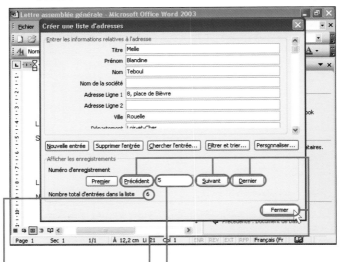

CRÉER DES LETTRES GRÂCE AU PUBLIPOSTAGE (SUITE)

15 Répétez les étapes **13** et **14** pour chaque personne à inclure dans la liste de diffusion.

■ Cette zone indique le nombre de personnes ajoutées.

■ Cette zone spécifie le numéro de l'entrée affichée.

■ Pour parcourir les entrées et afficher la précédente, la suivante, la première ou la dernière, cliquez l'un de ces boutons.

16 Après avoir créé la liste d'envoi groupé, cliquez **Fermer**.

Commencez le publipostage en effectuant les étapes 1 à 10 qui commencent à la page 326. Dans le volet Office, cliquez Utilisation d'une liste existante, puis Parcourir. Dans la boîte de dialogue qui apparaît, sélectionnez la liste à utiliser et cliquez Ouvrir. Passez ensuite à l'étape 19 de la page 334 pour poursuivre le publipostage.

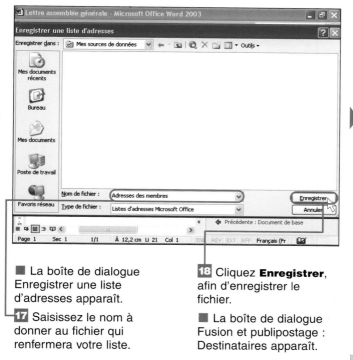

■ La boîte de dialogue Enregistrer une liste d'adresses apparaît.

17 Saisissez le nom à donner au fichier qui renfermera votre liste.

18 Cliquez **Enregistrer**, afin d'enregistrer le fichier.

■ La boîte de dialogue Fusion et publipostage : Destinataires apparaît.

CRÉER DES LETTRES POUR UN ENVOI GROUPÉ

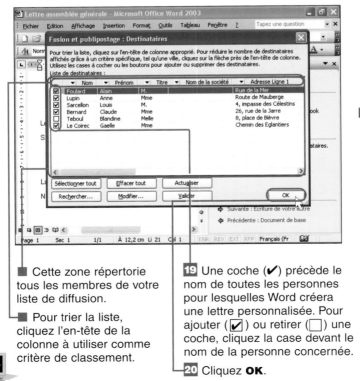

■ Cette zone répertorie tous les membres de votre liste de diffusion.

─ ■ Pour trier la liste, cliquez l'en-tête de la colonne à utiliser comme critère de classement.

19 Une coche (✔) précède le nom de toutes les personnes pour lesquelles Word créera une lettre personnalisée. Pour ajouter (☑) ou retirer (☐) une coche, cliquez la case devant le nom de la personne concernée.

─ **20** Cliquez **OK**.

Après que vous avez créé votre liste
de diffusion, Word affiche les
informations propres à chaque
membre de la liste. Vous pouvez
choisir les personnes auxquelles
envoyer une lettre personnalisée.

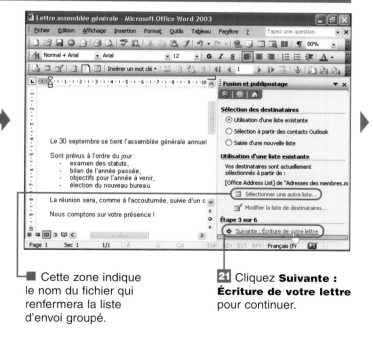

■ Cette zone indique
le nom du fichier qui
renfermera la liste
d'envoi groupé.

21 Cliquez **Suivante :
Écriture de votre lettre**
pour continuer.

CRÉER DES LETTRES POUR
UN ENVOI GROUPÉ

M. Léonard Blin
14 rue du Port
14573 Saint-Vas

Cher Monsieur Blin,

Bloc d'adresse

Affiche l'adresse d'un
membre de votre liste
de diffusion.

Ligne de salutation

Affiche une formule de
salutation adressée à une
personne de votre liste
d'envoi groupé.

CRÉER DES LETTRES GRÂCE AU PUBLIPOSTAGE (SUITE)

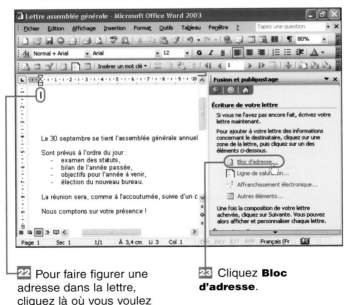

22 Pour faire figurer une
adresse dans la lettre,
cliquez là où vous voulez
l'insérer.

23 Cliquez **Bloc
d'adresse**.

lblin@voyages.com

Autres éléments

Affiche une information
particulière pour un membre de
votre liste de diffusion, comme
son numéro de téléphone ou son
adresse électronique.

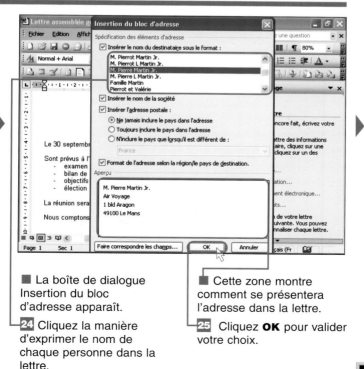

■ La boîte de dialogue
Insertion du bloc
d'adresse apparaît.

24 Cliquez la manière
d'exprimer le nom de
chaque personne dans la
lettre.

■ Cette zone montre
comment se présentera
l'adresse dans la lettre.

25 Cliquez **OK** pour valider
votre choix.

CRÉER DES LETTRES POUR UN ENVOI GROUPÉ

■■■ CRÉER DES LETTRES GRÂCE AU PUBLIPOSTAGE (SUITE)

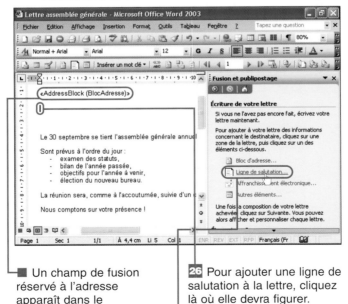

■ Un champ de fusion réservé à l'adresse apparaît dans le document. Word le remplacera par une adresse issue de votre liste d'envoi groupé.

26 Pour ajouter une ligne de salutation à la lettre, cliquez là où elle devra figurer.

Note. Si vous ne voulez pas insérer de ligne de salutation, passez directement à l'étape 29.

27 Cliquez **Ligne de salutation**.

Word permet d'intégrer aisément à votre lettre des instructions spéciales, appelées champs de fusion. Celles-ci indiquent où placer des informations issues de la liste de diffusion.

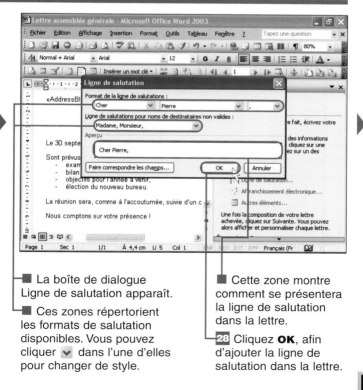

■ La boîte de dialogue Ligne de salutation apparaît.

■ Ces zones répertorient les formats de salutation disponibles. Vous pouvez cliquer ∨ dans l'une d'elles pour changer de style.

■ Cette zone montre comment se présentera la ligne de salutation dans la lettre.

28 Cliquez **OK**, afin d'ajouter la ligne de salutation dans la lettre.

CRÉER DES LETTRES POUR UN ENVOI GROUPÉ

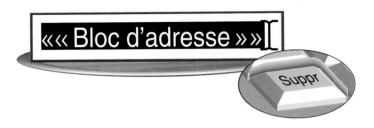

«« Bloc d'adresse »»

Suppr

CRÉER DES LETTRES GRÂCE AU PUBLIPOSTAGE (SUITE)

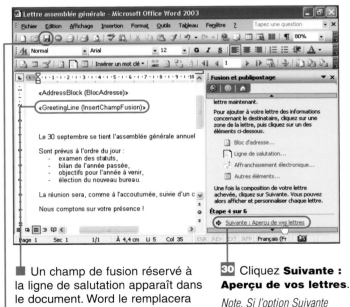

■ Un champ de fusion réservé à la ligne de salutation apparaît dans le document. Word le remplacera par une formule de salutation dans chaque lettre.

29 Cliquez 🔲 pour enregistrer les modifications apportées à la lettre.

30 Cliquez **Suivante : Aperçu de vos lettres**.

Note. Si l'option Suivante n'est pas visible, cliquez ▼ pour faire défiler le volet Office Fusion et publipostage.

> Pour supprimer un champ de fusion ajouté à tort, sélectionnez-le en faisant glisser le pointeur I dessus et appuyez sur Suppr.

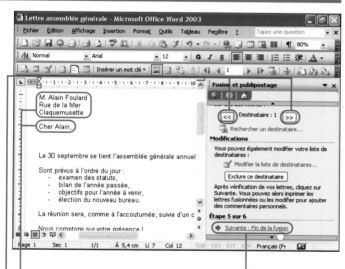

■ Word affiche un aperçu de l'une des lettres fusionnées. Il remplace les champs fusionnés par les informations correspondantes pour une personne de la liste de diffusion.

■ Pour prévisualiser une autre lettre, cliquez [<<] ou [>>], en vue d'afficher respectivement la lettre précédente ou suivante.

31 Après avoir consulté les lettres, cliquez **Suivante : Fin de la fusion**.

CRÉER DES LETTRES
POUR UN ENVOI GROUPÉ

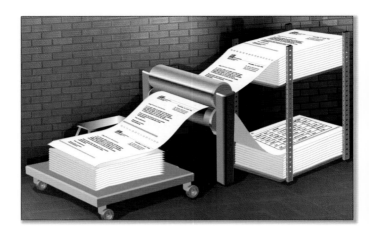

■■■ CRÉER DES LETTRES GRÂCE AU PUBLIPOSTAGE (SUITE)

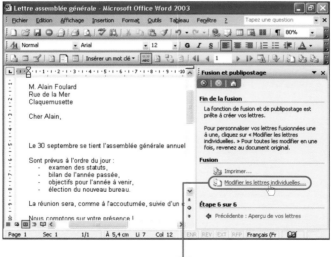

■ Word est prêt à
produire les lettres.

32 Cliquez **Modifier les
lettres individuelles**, en
vue de fusionner la lettre
avec les informations
contenues dans votre
liste de diffusion.

Une fois votre lettre terminée, Word peut la fusionner avec les informations contenues dans votre liste de diffusion, afin de créer un courrier personnalisé pour chaque destinataire.

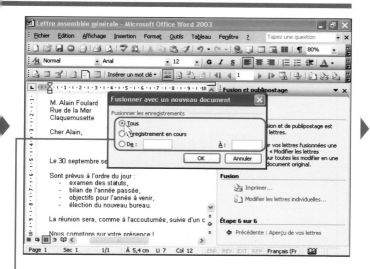

■ La boîte de dialogue Fusionner avec un nouveau document apparaît.

33 Cliquez l'une de ces options, afin de spécifier les membres de la liste de diffusion auxquels adresser une lettre (○ devient ⊙).

Tous - Tous les membres de la liste d'envoi groupé.

Enregistrement en cours - Uniquement la personne affichée.

De - Membres de la liste d'envoi groupé que vous spécifiez.

CRÉER DES LETTRES POUR UN ENVOI GROUPÉ

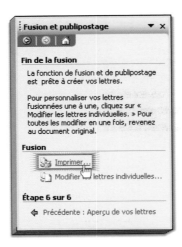

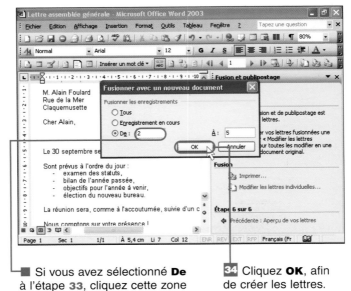

■ Si vous avez sélectionné **De** à l'étape **33**, cliquez cette zone et tapez le numéro du premier destinataire d'un courrier. Appuyez ensuite sur Tab et entrez le numéro du dernier destinataire d'une lettre.

34 Cliquez **OK**, afin de créer les lettres.

Imprimer les lettres depuis l'assistant Fusion et publipostage se révèle utile quand vous savez que les courriers ne requièrent pas la moindre modification avant leur sortie sur papier.

Pour lancer cette impression, cliquez l'option **Imprimer** à l'étape **32** page 342.

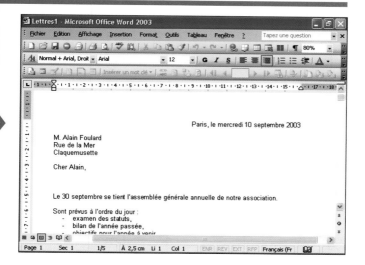

■ Word ouvre un nouveau document et y crée les lettres personnalisées.

■ Il est possible de modifier et d'imprimer les lettres comme n'importe quel document. Par exemple, vous pouvez changer un courrier en y intégrant des informations supplémentaires (voir la page 64 ou 236).

IMPRIMER UNE ENVELOPPE

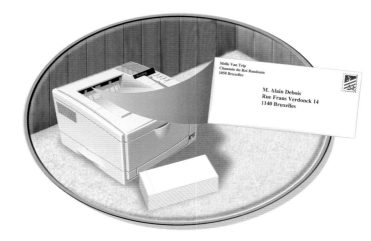

■■■ IMPRIMER UNE ENVELOPPE ■■■

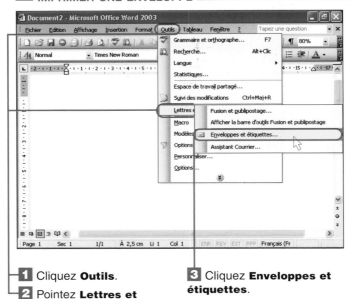

1 Cliquez **Outils**.

2 Pointez **Lettres et publipostage**.

3 Cliquez **Enveloppes et étiquettes**.

■ La boîte de dialogue Enveloppes et étiquettes apparaît.

346

Word permet d'imprimer sur une enveloppe à la fois l'adresse de l'expéditeur et celle du destinataire.

Avant de commencer, assurez-vous que votre imprimante est en mesure d'imprimer des enveloppes. Pour le savoir, consultez le guide de l'utilisateur qui accompagne votre périphérique.

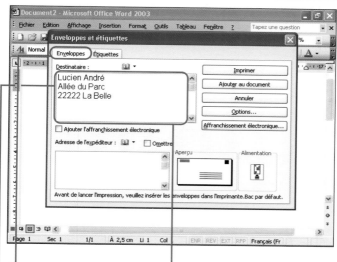

4 Cliquez l'onglet **Enveloppes**.

■ Cette zone affiche l'adresse du destinataire. Si Word trouve une adresse dans le document, il l'insère ici à votre place.

5 Pour entrer une adresse de destinataire, cliquez cette zone, puis saisissez l'adresse.

Note. Pour retirer un texte existant avant de saisir une adresse, sélectionnez-le en faisant glisser le pointeur ⊥ dessus, puis appuyez sur Suppr.

IMPRIMER UNE ENVELOPPE

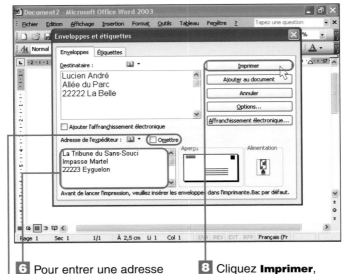

6 Pour entrer une adresse d'expéditeur, cliquez cette zone, puis saisissez l'adresse.

7 Si vous ne voulez pas imprimer d'adresse d'expéditeur, cliquez **Omettre** (☐ devient ☑).

8 Cliquez **Imprimer**, afin d'imprimer l'enveloppe.

Si une adresse d'expéditeur figure déjà sur votre enveloppe, il est inutile d'en ajouter une autre. C'est notamment souvent le cas des enveloppes à en-tête qu'utilisent les entreprises.

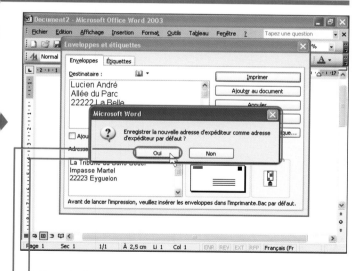

■ Cette boîte de dialogue apparaît si vous avez entré une adresse d'expéditeur.

9 Pour enregistrer l'adresse d'expéditeur, cliquez **Oui**.

■ Si vous enregistrez l'adresse de l'expéditeur, elle apparaîtra à chaque impression d'une enveloppe. Vous n'aurez pas ainsi à la retaper systématiquement.

IMPRIMER DES ÉTIQUETTES

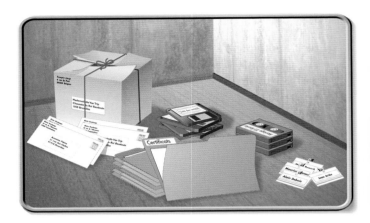

■■■ IMPRIMER DES ÉTIQUETTES ■■■

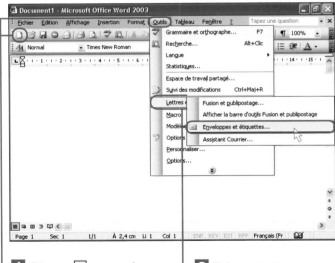

1 Cliquez 🗋 pour créer un nouveau document.

Note. Si 🗋 n'est pas visible, cliquez 🔳 dans la barre d'outils Standard pour l'afficher.

2 Cliquez **Outils**.

3 Pointez **Lettres et publipostage**.

4 Cliquez **Enveloppes et étiquettes**.

■ La boîte de dialogue Enveloppes et étiquettes apparaît.

Word permet d'imprimer des étiquettes. Celles-ci se révèlent notamment utiles pour coller des adresses sur des enveloppes, créer des cartons d'invitation et étiqueter des dossiers.

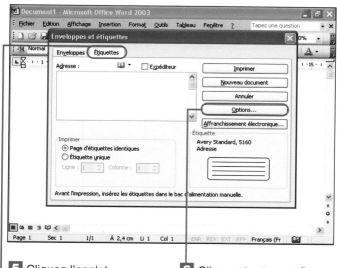

5 Cliquez l'onglet **Étiquettes**.

6 Cliquez **Options**, afin de sélectionner le type d'étiquette à utiliser.

■ La boîte de dialogue Options pour les étiquettes apparaît.

IMPRIMER DES ÉTIQUETTES

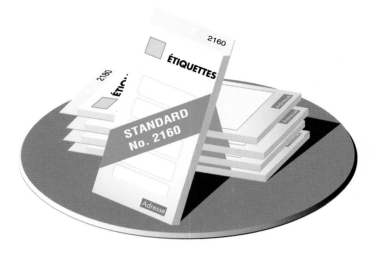

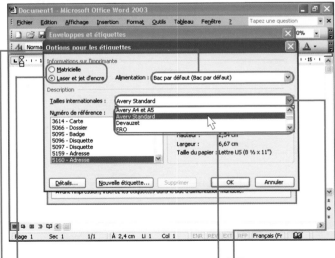

7 Cliquez l'option correspondant au type d'imprimante à utiliser pour l'impression des étiquettes (○ devient ⊙).

■ Cette zone indique le bac de l'imprimante où figurent les étiquettes. Vous pouvez la cliquer pour changer de source d'alimentation.

8 Cliquez cette zone, en vue d'afficher la liste des marques d'étiquettes disponibles.

9 Cliquez la marque à employer.

Regardez sur l'emballage les références des étiquettes que vous comptez utiliser pour l'impression.

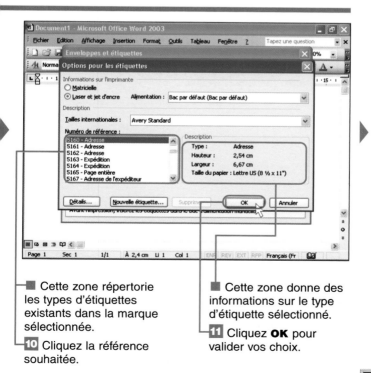

■ Cette zone répertorie les types d'étiquettes existants dans la marque sélectionnée.

10 Cliquez la référence souhaitée.

■ Cette zone donne des informations sur le type d'étiquette sélectionné.

11 Cliquez **OK** pour valider vos choix.

IMPRIMER DES ÉTIQUETTES

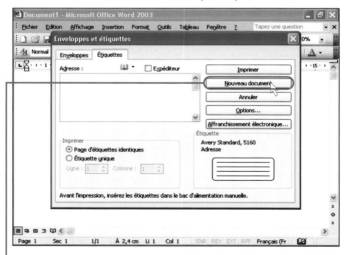

12 Cliquez **Nouveau document**, afin d'intégrer les étiquettes dans un nouveau document.

■ Les étiquettes apparaissent dans un nouveau document.

Une fois que vous avez défini le type d'étiquette souhaité, Word peut créer les étiquettes dans un nouveau document. Il ne vous restera plus ensuite qu'à saisir les informations à faire figurer sur chacune d'elles.

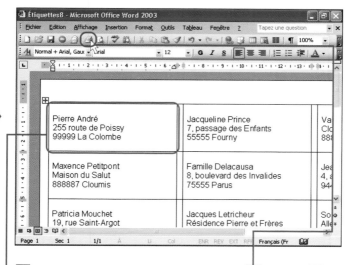

13 Cliquez une étiquette sur laquelle vous désirez inscrire du texte et saisissez ce dernier. Répétez cette opération pour toutes les étiquettes.

Note. Vous pouvez mettre le texte d'une étiquette en forme comme n'importe quel autre texte au sein d'un document. Consultez à cette fin les pages 118 à 133.

14 Cliquez 🖨 pour imprimer les étiquettes.

Note. Si 🖨 n'est pas visible, cliquez 📊 dans la barre d'outils Standard pour l'afficher.

IMPRIMER DES ÉTIQUETTES

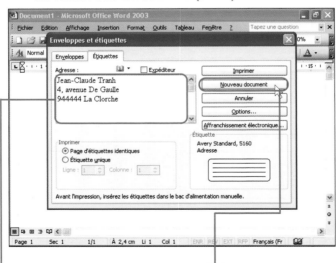

IMPRIMER LES MÊMES DONNÉES

SUR CHAQUE ÉTIQUETTE

1 Répétez les étapes **1** à **11** qui commencent à la page 350.

2 Cliquez cette zone et saisissez les informations à inscrire sur chaque étiquette.

3 Cliquez **Nouveau Document**, afin d'intégrer les étiquettes dans un nouveau document.

Si vous voulez avoir la possibilité de modifier et d'imprimer les étiquettes par la suite, enregistrez-les en enregistrant le document où elles figurent. Consultez à cette fin la page 36.

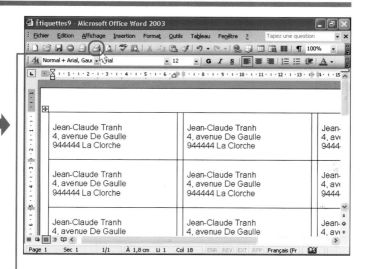

■ Les étiquettes apparaissent dans un nouveau document. Chacune présente les mêmes données.

4 Cliquez 🖨 pour imprimer les étiquettes.

Note. Si 🖨 n'est pas visible, cliquez ░ dans la barre d'outils Standard pour l'afficher.

ENVOYER UN DOCUMENT
PAR COURRIER ÉLECTRONIQUE

ENVOYER UN DOCUMENT

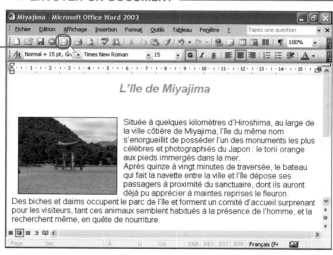

1 Cliquez 📧 pour envoyer le document affiché à l'écran par courrier électronique.

Note. Si 📧 n'est pas visible, cliquez ⚏ dans la barre d'outils Standard pour l'afficher.

Vous pouvez envoyer le document
affiché à l'écran à un ami, un parent
ou un collègue via la messagerie
électronique.

Avant de transmettre un
document par courrier
électronique, vous devez
installer sur votre ordinateur
un logiciel de messagerie,
comme Microsoft Outlook.

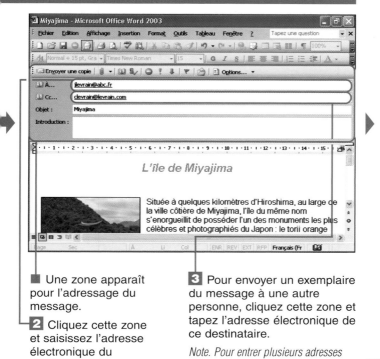

■ Une zone apparaît
pour l'adressage du
message.

2 Cliquez cette zone
et saisissez l'adresse
électronique du
destinataire du message.

3 Pour envoyer un exemplaire
du message à une autre
personne, cliquez cette zone et
tapez l'adresse électronique de
ce destinataire.

*Note. Pour entrer plusieurs adresses
électroniques aux étapes 2 et 3, séparez
chacune d'elles par un point-virgule (;).*

ENVOYER UN DOCUMENT PAR COURRIER ÉLECTRONIQUE

À

Envoie le
message à
la personne
spécifiée.

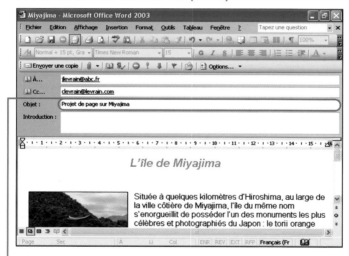

4 Cliquez cette zone et
tapez l'objet du message.

*Note. Si la zone Objet renferme
déjà un texte, faites glisser le
pointeur I sur ce dernier,
puis saisissez un nouvel objet.*

Copie conforme (Cc)

Envoie un exemplaire
du message à des
personnes qui ne
sont pas directement
concernées, mais
qui pourraient être
intéressées par ces
informations.

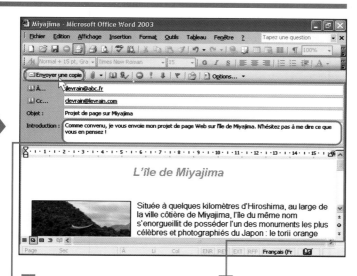

---

5 Pour accompagner le
document à envoyer d'une
introduction, cliquez cette zone
et saisissez le texte souhaité.

*Note. Vous ne pouvez ajouter une
introduction que si vous utilisez le
logiciel de messagerie Microsoft
Outlook.*

6 Cliquez **Envoyer
une copie**, afin
d'expédier le message.

*Note. Si vous n'êtes pas
connecté à l'Internet, une boîte
de dialogue peut apparaître,
vous permettant d'établir la
connexion.*

CRÉER UN LIEN HYPERTEXTE

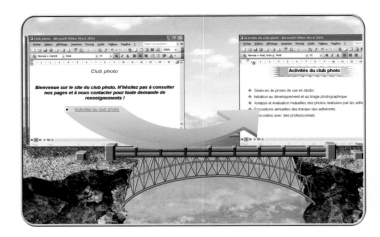

CRÉER UN LIEN HYPERTEXTE

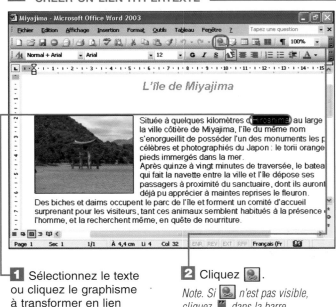

1 Sélectionnez le texte ou cliquez le graphisme à transformer en lien hypertexte. Pour sélectionner du texte, consultez la page 60.

2 Cliquez.

Note. Si [icône] n'est pas visible, cliquez [icône] dans la barre d'outils Standard pour l'afficher.

Vous pouvez créer un lien hypertexte
pour lier un mot ou une expression d'un
document à un autre document situé sur
votre ordinateur, sur votre réseau, sur
l'intranet de votre entreprise ou sur
l'Internet.

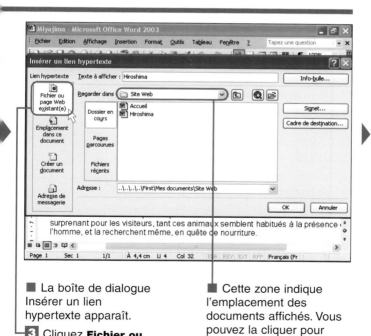

■ La boîte de dialogue
Insérer un lien
hypertexte apparaît.

3 Cliquez **Fichier ou
page Web existant(e)**.

■ Cette zone indique
l'emplacement des
documents affichés. Vous
pouvez la cliquer pour
changer d'endroit.

CRÉER UN LIEN HYPERTEXTE

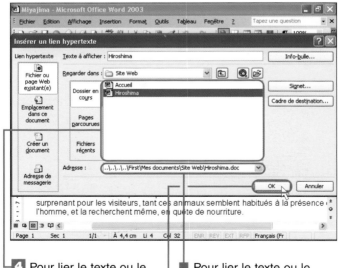

4 Pour lier le texte ou le graphisme à un document situé sur votre ordinateur ou sur votre réseau, cliquez le fichier en question dans cette zone.

■ Pour lier le texte ou le graphisme à une page Web, cliquez cette zone et saisissez l'adresse de la page en question.

5 Cliquez **OK** pour créer le lien hypertexte.

Lorsque vous saisissez l'adresse d'une page Web et que vous appuyez sur la barre d'espace ou sur Entrée, Word la convertit automatiquement en lien hypertexte.

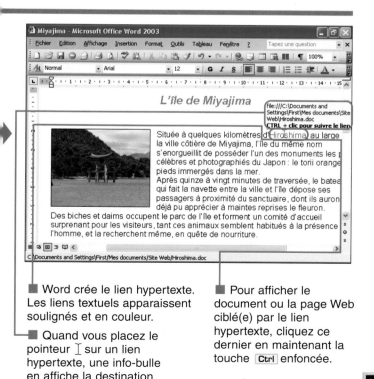

■ Word crée le lien hypertexte. Les liens textuels apparaissent soulignés et en couleur.

■ Quand vous placez le pointeur I sur un lien hypertexte, une info-bulle en affiche la destination.

■ Pour afficher le document ou la page Web ciblé(e) par le lien hypertexte, cliquez ce dernier en maintenant la touche Ctrl enfoncée.

ENREGISTRER UN DOCUMENT EN TANT QUE PAGE WEB

■■■ ENREGISTRER UN DOCUMENT EN TANT QUE PAGE WEB ■

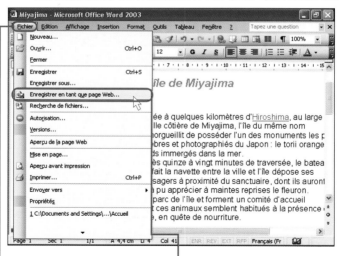

1 Ouvrez le document à enregistrer en tant que page Web. Consultez à cette fin la page 40.

2 Cliquez **Fichier**.

3 Cliquez **Enregistrer en tant que Page Web**.

■ La boîte de dialogue Enregistrer sous apparaît.

Vous pouvez enregistrer un document en tant que page Web, en vue de le placer sur l'Internet ou sur l'intranet de votre société.

Un intranet est une sorte d'Internet à moindre échelle au sein d'une société ou d'un organisme.

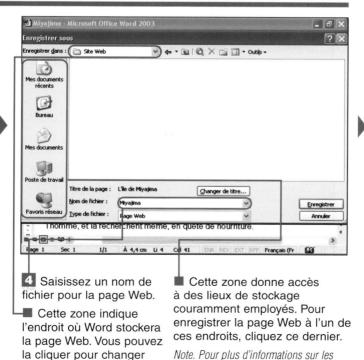

4 Saisissez un nom de fichier pour la page Web.

■ Cette zone indique l'endroit où Word stockera la page Web. Vous pouvez la cliquer pour changer d'emplacement.

■ Cette zone donne accès à des lieux de stockage couramment employés. Pour enregistrer la page Web à l'un de ces endroits, cliquez ce dernier.

Note. Pour plus d'informations sur les lieux de stockage couramment employés, consultez le début de la page 38.

ENREGISTRER UN DOCUMENT EN TANT QUE PAGE WEB

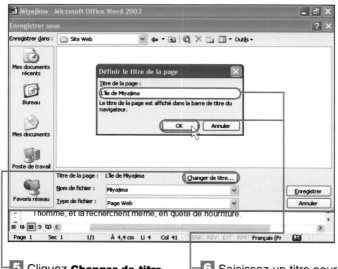

5 Cliquez **Changer de titre**, afin de spécifier le titre de la page Web.

■ La boîte de dialogue Définir le titre de la page apparaît.

Note. Word propose parfois un titre par défaut.

6 Saisissez un titre pour la page Web.

7 Cliquez **OK** pour valider votre choix.

Après avoir enregistré un document en tant que page Web, vous pouvez transférer cette dernière sur un ordinateur stockant des pages Web et appelé serveur Web. Cela fait, la page Web devient accessible à d'autres utilisateurs.

Pour transférer une page Web sur un serveur Web, contactez votre administrateur réseau ou votre fournisseur d'accès Internet.

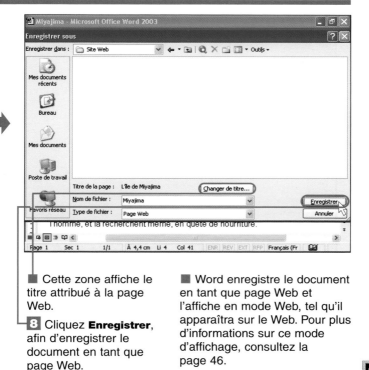

■ Cette zone affiche le titre attribué à la page Web.

■8 Cliquez **Enregistrer**, afin d'enregistrer le document en tant que page Web.

■ Word enregistre le document en tant que page Web et l'affiche en mode Web, tel qu'il apparaîtra sur le Web. Pour plus d'informations sur ce mode d'affichage, consultez la page 46.

INDEX

INDEX

INDEX